抗战文军

抗日战争时期的国立浙江大学

任少波 罗卫东 主编

ZHEJIANG UNIVERSITY PRESS
浙江大学出版社

抗战文军

金德水

浙江大学党委书记金德水题字

浙江大学档案馆
浙江大学党委宣传部　　　　编写
浙江大学地方合作处

主　　编：任少波　罗卫东
副 主 编：马景娣　应　飚　夏标泉
编　　委：胡　岚　冯　骏　胡志富
龚　辉　张卓群　张　燕
金灿灿　朱国锋

序

巍巍学府，在浙之滨。肇始于1897年、历经120年发展的浙江大学，是近现代以来我国高等教育发展史的一个缩影。她在遭受列强凌辱的晚清帝国的飘摇风雨中诞生，在狼烟四起的抗日战争中崛起，在大气磅礴、气贯长虹的改革开放新时期进行改革创新，是当代中国创建一流大学的排头兵。

峥嵘岁月两甲子，关山回首思万千。抗日战争时期，为延续文脉、为国育才，浙江大学举校迁徙、异地办学。自1937年9月开始，竺可桢校长领导师生员工及部分家属，携带大批图书资料和仪器设备，历尽艰辛，一迁浙江於潜、建德，二迁江西吉安、泰和，三迁广西宜山，1940年1月到达贵州遵义、湄潭。此次西迁行程2600余公里，途经浙、赣、湘、桂、粤、黔六省，史称“文军长征”。1946年，浙江大学结束长达9年的艰苦卓绝的西迁办学，东返杭州。

西迁办学中，在竺可桢校长的大力倡导和身体力行下，浙江大学师生注重良好学风的养成，学校正式确立以“求是”为校训，并聘请国学大师马一浮先生撰写浙大校歌，传承和弘扬了“启尔求真”的科学精神、“开物前民”的创新精神、“无吝于宗”的合作精神、“海纳江河”的开放精神和“树我邦国”的爱国精神。学校秉持不屈不挠的求是精神，克服“文军长征”的艰难困苦，坚持弦歌不辍的西迁办学，开创“东方剑桥”的恢宏气象，产生了深远的后世影响。

在浙江大学120周年校庆之际，我们编写、出版《抗战文军》一书，以丰富的档案图片、文献史料，再现浙江大学西迁办学，在战火中延续中国高等教育，把知识和希望的火种传播到祖国四面八方的光辉历史。并以此激励浙大师生坚定信心、凝聚力量，为实现中华民族的伟大复兴，创建具有中国特色世界一流大学而努力奋斗，再创辉煌！

目 录

第一部分

文军西征

浙江大学西迁线路图
The roadmap of Zhejiang University's westward movement
國立浙江大學
1937年7月，抗日战争全面爆发。9月，浙大一年级新生迁西天目山上课。
1937年11月，敌在全公亭登陆。学校迁建德。一年级亦从西天目山到建德。
1939年，浙大在浙江龙泉成立分校。
1937年12月，敌陷杭州。浙大师生历尽艰险，分批经金华、南昌、樟树到达吉安。有的步行经常山，再去吉安。
1938年2月，浙大师生迁泰和。
1938年7月，敌陷九江。浙大师生于8月开始，分水陆两路西迁，于10月齐集广西宜山。部分学生历时40天步行才抵达。
1939年12月，敌扰桂南。浙大师生克服交通阻塞等困难，开始西迁遵义、青岩、湄潭、永兴。自1940年初至1946年6月东归回杭，浙大在贵州坚持办学近七年。
西天目山
藻溪
杭州
於潜
分水
桐庐
建德
兰溪
金华
常山
玉山
衢州
龙泉
松溪
南昌
樟树
吉安
泰和
衡山
衡阳
攸县
茶陵
耒阳
赣州
大庾
南雄
曲江
广州
三水
桂林
荔浦
宜山
贵阳
青岩
遵义
永兴
湄潭

第一章
警报中的校园弦诵声

1937 年 7 月 7 日，卢沟桥事变爆发，中华民族全面抗战就此拉开序幕。

8 月 13 日，淞沪会战爆发，战争的阴影离杭州越来越近。时任浙江大学校长的竺可桢为使一年级新生能安心学习，亲自实地考察浙江於潜西天目山禅源寺，认为此地适合办学。经过商洽，学校于 1937 年 9 月起租借西天目山禅源寺部分屋舍，作为 1937 级新生的教学和生活用房。9 月 21 日，一年级新生开始迁至西天目山，27 日起正式上课。

禅源寺虽然地处深山、远离城市，教学条件简陋，但师生朝夕相处，教师授课答疑极为便利，对学生道德品行的陶冶也更为有利。学校计划多时的导师制首先在这里推行起来，在国内教育界首开了试行导师制的先河。

与此同时，在杭州的浙大本部学生，由于敌机侵袭，从 9 月 20 日至 10 月 30 日的六个星期中，因警报而不能上课的时间平均达 16%。但浙大师生在日机狂轰滥炸的情况下，只要警报一解除，仍然照常上课。

（一）全面抗战爆发，杭州岌岌可危

1937年7月7日晚，驻丰台日军的一个大队在卢沟桥附近进行实弹演习，他们借口演习部队士兵失踪，要求入宛平城搜索，遭到中国守军拒绝。日军一面通过驻北平特务机关与冀察当局交涉，一面连夜调兵包围宛平县城。次日凌晨4时许，日军鸣枪放炮，突然攻城，卢沟桥事变由此爆发。

二十九军在卢沟桥上奋起自卫

1937年国立浙江大学大事记

7月10日，竺可桢校长、郑晓沧教务长、沈总务长出席中央、武汉、浙江三大学招生会议，由京返校。

7月12日，本校教授梅光迪、苏步青、周厚复、蔡堡先生等八人赴京会合中央、武大共拟本届新生考试之试题。

7月24日至28日，三大学联合招生开始报名。

8月1日，本学年开学；本校成立纪念日；三大学联合招生，今日起开始考试至三日止。

8月4日，本校教授梅光迪先生等二十五人赴京，批阅三大学联合招生之试卷。

8月12日，浙江大学特种教育执行委员会成立，校长任主席，张绍忠先生任副主席。

8月13日，淞沪战事爆发。

——摘自李絜非《浙江大学西迁纪实》

国立浙江大学大门

浙江图书馆，当时浙大学生经常来此阅读

学校办公室

浙江大学教室

战火中的中国经济、金融中心，最大的贸易港口上海市

8月13日，驻上海日军与中国军队在八字桥一带发生枪战，日军由租界向闸北进攻，占领八字桥，淞沪战事爆发。

中国军队和日军展开巷战

8月14日，中国政府发表自卫抗战声明，宣布“不得不施行自卫，抵抗暴力”。

同日日机首次袭击杭州笕桥机场，浙大师生才意识到，战争终于来临了，灾难落到了每个人的头上。

炮火下的上海民众纷纷向外地逃难

被炸后的杭州火车站

在杭州被击落的日机残骸

被炸后的杭州一角

1937年国立浙江大学大事记（续）

8月15日，日机大举二次袭杭，被中国空军击落十二架。

8月23日，本届录取大学一年级新生三百八十七人，榜示校门。

8月28日，杭州报国寺军械库之房屋拨归本校使用。

9月7日，聘朱庭祜先生为本校天目山分校主任。

9月14日，竺校长夫人张侠魂女士发起募集伤兵棉被食品运动。并联络本市教育机关，联合发刊《抗日导报》，计出版十三期，每期行销七千份。

9月16日，本学期正式开学。

9月18日，全体学生举行扩大宣传募集救国公债，并由竺校长与张其昀先生训话。

——摘自李絜非《浙江大学西迁纪实》

运动场

（二）警报声中坚持上课

战争空气弥漫杭州，浙江大学在日机轰炸中坚持办学，师生除训练敏捷、迅速、集体行动的习惯之外，更注重锻炼坚忍不拔的意志、临危不惧的精神，凝聚同仇敌忾的决心。

李絜非先生在《抗战中的浙江大学》中记述道：

……“八一三”以后，淞沪成为战区，敌机更肆袭京沪杭沿线各地，当时教育部曾有通令沿线各校，可以延期一月开学，本校遵令只限期十日，便于九月十日正式开学授课，教职员学生在开学不久之后即行陆续到齐，暑假中，本校已先事组织特种教育执行委员会，职在应付非常事变，执行有效处置。“八一三”以后，正式成立总务、警卫、消防、救护四股。自八月十四日敌机袭杭后，各组便分别工作，不遗余力。其后又增设工程、防毒两股。十月，经第十三次校务会议决议，特种教育执行委员会与原设之特种教育委员会合并改组，仍用后一名称。并增聘委员共计为十七人，以校长为主席，办理非常时期特种教育一切事宜，除原本成立之六股外，复先后增设研究、宣传、课程三股，各股皆聘任职员，分别办理。而全校教职员每人规定必须参加一股工作。该会更依部令，编制战时后方服务队，全体学生均须加入，不得规避，并须严守纪律，服从命令。内设警卫、消防、救护、防毒等训练班，由特种教育执行委员会所属各股分别负责办理。更制定严厉的奖惩细则和请假细则，以为之准绳，一时战时空气，弥漫全校。

这时秋之江南的上空，不断有敌机前来肆虐，杭州上空，更成为敌机过往的焦点，常常整天的在警报中。我们并没有防空的设备，稍后方才兴筑地下室一所。训育委员会当时曾有下列的规定通告全校：（一）全校分区配备避难地点，以散开为原则；（二）闻空袭警报后，日间停课，夜间起床，从容出就避难地点；（三）闻紧急警报后，一律停止行动；（四）解除时若在某上课时间二十分钟以内，仍须打铃上课，若已过二十分钟，即予停课；（五）避用白色服装。地下室造成后，许多人便在地下室里自修起来。

化学实验室

植物病理实验室

分析化学实验室

空袭警报是愈来愈多了，黎明、黄昏、月夕、夜午，敌机也时常前来偷袭，这对于我们的精神，曾无丝毫损害；反之，我们除训练静肃、谨慎、敏捷、迅速，集团行动的习惯而外，更深刻地锻炼起坚韧不拔的意志、临危不惧的精神、同仇敌忾加倍努力的决心，凡此都非课室内所可获得的。我至今仍时常忆起，那时避入地下室的情景来：空袭警报"呜！呜！呜！"的发出后，我们便从教师办公室的四面八方向校园土地的地下室所在地集中起来，警卫、消防、防毒、救护各组当值的人员，更紧张的事先准备好了，跑到自己工作的岗位，地下室的附近以及各门口走进的人，皆须受哨兵的指挥，迅速地、有秩序地走进室内后，室顶和门口，严密地掩避起来，电灯放光了，大家便抽出带来的书籍临灯默读，因之，有时静寂得一点声息俱无。许多人的面孔，更严肃悽愤之至，我想他们或她们的心更不知要如何的严肃悽愤呢！但也并不缺少春意融融的谈话和从容不迫的襟怀。紧急警报由室外哨兵传进来了，自备的电灯也熄灭了，大家便在黑暗中静默着，有的在籍此休息，有的更在困心衡虑。警报解除，大家复鱼贯走出，稍在柳荫池边谈话散步之后，便继续着分别各去授受课业、办理公务。这样三个月来，曾使我们藉以养成不少今后应付长期抗战的基本精神。

虽然警报频繁，日甚一日，但我们在警报后以及改在清晨或傍晚补授课业，对

木工场内景

图书馆藏书室

图书馆阅览室

于功课的授受，曾无多损害。我们自九月二十日起至十月三十一日止的统计，正式授课一项：以六周每日九小时计之，三百二十四小时中，受扰只占五十一小时，依一日数计之，只百分之十五点七五。其中以九月二十八日为扰时最长者达六时半之久，其余每日为自一时至四时半不等。有的一小时内全未上课，但授业半小时以上者，却并不少见。为补偿我们的损失，我们往往竟赶成加倍的工作。……[1]

文理学院大门内景

（三）读书不忘救亡

9月1日，随着抗战的深入，国民政府以抗日救国名义，在全国大举发行法币公债，俗称“救国公债”。公债发行时，国民政府在全国各地组织“劝募委员会”，公开在民间“劝募”，无论是现金还是有价物品均可“应募”。于是全国各地掀起了一场国民储蓄运动。

浙江大学师生积极响应募集救国公债，发起献金银运动，共收集金戒指15只，金器6件，银戒指13只，银器146件，纹银33两，银币116元，以

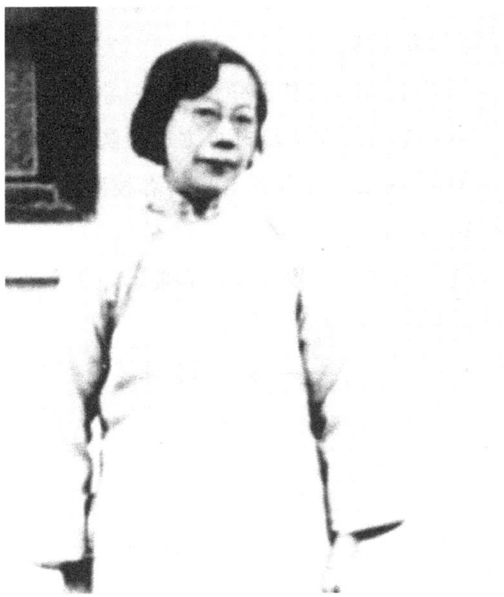

竺可桢夫人张侠魂女士

[1] 摘自李絜非《抗战中的浙江大学》，《教育通讯》第21、22期，1938年。

及其他金银小件。除此之外，全校师生还在竺校长夫人张侠魂女士的带动下，发起为前方将士募集棉衣、食品的活动，共收集棉被 251 条，捐洋 132 元。张侠魂女士还召集失业女工，缝制寒衣 3500 余件。

1937 年国立浙江大学大事记（续）

9 月 21—23 日，一年级新生移居於潜西天目山禅源寺分校。

9 月 28 日，（杭州）本日警报时间最长计六时有半。

10 月 1 日，学生战时后方服务队编队。

10 月 4 日，本学期，本校正式、借读学生人数统计共计六百三十三人。

杭州留美同学、竺校长、梅院长等致电美国罗斯福总统，请其主持正义制裁暴日。

10 月 9 日，本校教授梅光迪先生等编印《国命旬刊》创刊号出版。

10 月 12 日，天目山分校，大一导师会举行成立大会。

10 月 17 日，学生战时后方服务队全体队员分班演习。

10 月 25 日，本校联合国内各校院电签订九国公约各国主持正义。

11 月 5 日，本校师生认购救国公债第一批万元汇出。敌自全公亭登陆。

——摘自李絜非《浙江大学西迁纪实》

（四）天目山分校

“八一三”以后，浙江大学为了避遭敌机的轰炸和实行导师制的方便，经竺可桢校长和於潜县西天目山禅源寺方丈妙空商定，租借寺院房屋，作为1937级一年级新生的课堂和宿舍，是为天目山分校。

9月13日，竺可桢在日记中记道：

> ……中午，鲁珍约西天目住持妙空及当家人无净来谈，并在校素餐。……膳后仲翔与彼等商租屋条件，僧人要每月千元，而校中只允三百元，相去甚殊。余乃商诸罗霞天……

次日又记：

> ……仲翔及鲁珍与西天目山和尚妙空及无净接洽租屋事，至晚始定每月租金四百元，假定以一年为期，由双方签字，罗霞天为证人。即在校中晚膳。……

竺可桢与天目山分校临时办事处主任潘承圻、体育教师舒鸿在禅源寺山门外留影

张孟闻、舒鸿伉俪摄于天目旅馆前

西天目龙潭远景

浙皖两省交界处，横卧着连绵起伏的天目山山脉。神奇的造化，塑造了无数奇景异峰、巨树珍草，提供了无数传奇故事和神话传说的原始素材。

在今天浙江临安县境内，有两山对峙相望，在高高的山顶上，奇特地各有一口自然的水井。井口朝上，水源终年不绝。源从何来？亦奇亦怪。此为天眼矣！人们谓之“天目”。位东的一座，称为东天目山；位西的一座，便叫西天目山，民国时期曾属於潜县管辖。当年浙江大学天目山分校校址，就设在於潜

禅源寺山门

县西天目山的禅源寺。

禅源寺位于西天目山山麓，是元朝至元十六年（1279 年）高峰原妙禅师所建，延祐五年（1318 年）受赐“狮子正宗禅寺”额。

康熙四年（1665 年）清朝名僧玉林通琇禅源师重建寺庙，后毁于火。雍正十一年（1733 年）敕重建，赐名禅源寺。

西天目山古树参天，特别是夹道的柳杉，可谓世间少有。几十丈高的大树，主干笔挺，如尺划一样正直。昆虫万千，有博物学家们探索不尽的自然的奥秘。李时珍为写《本草纲目》，曾千里跋涉来到天目山的深山密林之中勘察。

西天目山的参天古树

浙江大学天目山分校一年级新生试行的导师制，在 10 月 12 日正式开始。据竺可桢日记记载：“此间导师制制度实行以来尚称顺手，学生既觉有一师长时可问询，而老师亦有数青年为友不致寂寞，天目山实为导师制之理想地点。”

天目旅馆对门的潘宅

禅源寺

【参考阅读】

……现在我回想那时来，我觉得没有一个人会料到浙江大学的经过是如此之好。其时，值“事变”所继之而来的，久经预料中的中日战争，是明白的呈现了之后，可能的想见到，此役会予中国以可怕的剧创。在于诱敌深入和使寇消耗的中国军事战略之下，大学生命能否继续于此种情况之下呢？当日寇进抵杭州和攻陷杭州之后，要将发生些什么呢？所有我的朋友们，都以为是浙大不会开学了，即使开学，不久亦必再行关门的。但终于浙大来函，报告我们以开学上课的日期，并要我们从速返校，仰视穹苍，疑云在抱，这时我多少感到了：这仅属旅行的一年——本校在前进中的一年之伊始。

这是在一个双重目标的前进中，自敌人行进的方面一步一步地后退，和向新中国的民族理想一步一步地迈进。

在杭州时，我们自战事的开始，就研究到的是：曾为计划着若是浙大迁徙的话，便当向内移动，但必须在事前于新地方有一些准备，又如无教育部的准许，亦将无能为役。出乎意料的，全体的男女同学都回到学校里来，因之，西天目山中的分校，便选作为我们第一个新居。但不能完全容纳得下，只能容纳三百到四百的学生，或至多到六百人，其中包括教职员的家属在内。因此之故，只一年级新生送到山中去，其余二、三、四年级的学生和一大部分的教职员，则仍留杭州约二月之久。……

——摘自米歇尔（F.Michael）《前进中之浙江大学》

（《国立浙江大学校刊》复刊第 15 期，1939 年 3 月 13 日）

【参考阅读】

……这已是二十年前旧事了，那时是民国二十六年八月，正当中日战争在卢沟桥爆发，上海也已战云密布，日本飞机在我的故乡——松江投过三次炸弹，第三次轰炸正遇两辆客车在松江火车站会车，一阵烧夷弹，烧死了八百多难民，人都烧成了焦炭，触目惊心，惨不忍睹。正是那天，我收到母校的录取通知单。

搭火车往杭州去，颇非易事，沪杭线上，北上南下的火车全塞满了难民，有的人以为租界安全，往上海逃难，可是在上海的人又认为这次是长期战争，逃往内地，才感安全，因此造成了火车的空前拥挤。客车的门，早给行李堵塞住了，我从窗口爬进了火车，车厢里也堆满了箱笼行李，挤满了人，无站立之地，只好弯着腰，手撑着窗栅，斜倚着，足足受够了五小时活罪，才算到了杭州。

到母校报到注册，才知道大一搬西天目山上课，西天目山在浙江於潜县境。校车把我们送到西天目山山麓，再步行约一小时的山路，看到一片红色围墙，掩映于苍松翠柏间，门前红墙上高高地写着"禅源寺"三个大字，从侧边山门进去，又是一排石级，约七十余级，拾级而上，只见殿宇轩敞，房屋数百间。禅源寺是浙江著名古刹，有和尚百余人，虽然增加了我们百余个大学生，宿舍、教室、膳厅、阴雨操场全有了，倒也不觉得挤。饮水是山涧清流，可是没有电灯，后来从杭州搬来了一架发电机，自行发电，但

西天目禅源寺前的回龙桥是当年浙大学生晨读和散步之处

灯盏太多，光线暗淡，训导处为顾全同学目力，晚上在教室里增点汽油灯，以供自修。我们的教室是庙里新建的一座楼房，名“拾翠楼”，四面回廊，凭栏远眺，可以看到山上松柏耸天，满山青翠，山腰里烟雾纷纭，听啾啁鸟语，铮淙泉声，颇有超尘出俗之感。每当空闲的日子，我们结伴爬升“仙顶”，游遍了山上各名胜古迹。仙顶是西天目山的最高峰，海拔一千五百公尺，建有开山老祖的佛殿。禅源寺后不远，有几间小房子，据说是昭明太子读书处。……

——摘自蔡致谟《随校西迁记》

（《国立浙江大学校友通讯》新第 3 期，1958 年 2 月 28 日）

禅源寺老殿

【参考阅读】

诸位在天目山能安谧地天天上课，这更是不幸中之大幸。禅源寺是我国东南各省的有名大丛林，西天目参天夹道的柳杉，更是中国各地所少见。在这种心旷神怡的环境之下，我们应该能够树立一个优良的学术空气。中国向来的高等教育，除了太学或国子监以外，就要算书院。有宋一代，书院之制，更是盛行一时，如白鹿、岳麓、应天、石鼓、东林，其尤著者。书院制的特点，就在熏陶学生的品格。我们只要看朱晦庵、陆九渊或是王阳明的遗书，就可以知道当时师生中切磋砥砺的状况。自从我国创设学校以来已逾三十年，这三十年当中，在设备和师资方面，不能不算有进步，但是有个最大缺点，就是学校并没有顾到学生品格的修养，其上焉者，教师传授他们的学问即算了事；下焉者，则以授课为营业。在这种制度下，决不能造成优良的教育，所以近年来教育部又有"训教合一"的主张，这话虽然说来已有两三年，但是能实行"训教合一"或导师制的还没有。他的原因，是学生与教员很难有接触的机会。天目山是个小地方，诸位老师和同学统在一处，导师制的实行，就没有十分的困难。以我个人所晓得实行导师制的，浙江大学要算第一个。至于导师制的结果如何，全看诸位教授的指导方面和学力的程度。依据目前的推想，应该可以得到很好的结果。即如在这很短的时期中，据各方的报告，都说天目山浙大的精神特别好，学生非常用功。师生融融一堂，通力合作，这是一桩可喜的事情。但是有人可以问为什么我们要行导师制？所谓熏陶人格，这句话还是空的。对于这问题，我可以简单的回答，我们行导师制，是为了要每个大学生明了他的责任。……诸位在大学一年所花的不过二三百元，而国家为诸位所花的，每年却要到一千五六百元，所以国家所花的钱，比诸位自己所花的要多到七八倍。国家为什么要花费这么多钱来培植大学生？为的是希望诸位将来能做社会上各业的领袖。在这困难严重的时候，我们更希望有百折不挠、坚强刚果的大学生，来领导民众，做社会的砥柱。所以诸君到大学里来，万勿存心只要懂了一点专门技术，以为日后谋生的地步，就算满足。

——摘自竺可桢《大学生之责任》（1937 年 10 月 25 日）

（《竺可桢全集》第二卷，2004 年）

【参考阅读】

迩者东人不道，荡摇我边疆，屠杀我无辜，肆其封豕长蛇，以来犯我京畿，凡我邦人，掉心蹙额，虽欲勿战，乌可以已！是用鹰扬之师，决命争首，死伤积野，犹复徒首奋呼，争为先登，同人服务教育，各有攸司，虽曰同仇，匪遑离局；然而义愤空发，喉舌屡存，是用抒其肝胆，播为文字，旬出一纸，署曰《国命》；将以导宣民意，张皇士气，而发刊有曰，属为之辞；基博被服儒者，古训是式，谨铨厥指，以昭告于於我邦人父老兄弟，诸姑姊妹之前曰：

夫文，止戈为武，维我先民，禁攻寝兵；亲仁善邻，自古已然，然而战阵无勇，比于不孝；四郊多垒；则士之辱，著见经记；以为大戒，而按之说文："国，邦也，从口，从或"，"或，邦也，从口从戈以守一；一，地也"。是知国之为诂，谊在抗战；而从口于外者，所以明疆场之有定，树界表以共守；人不来犯，我亦不犯人，尔毋我虞，我毋尔侵，然而狡焉启疆，何国蔑有！如有侵畔，寸土勿让，操戈以守，有死无退；日蹙百里，其何能国！古人造字，岂曰徒然！凡我邦人，当知国于天地，可以抗战而不可以侵略；可以不侵略，而不可以不抗战。抗战者，国民自卫之天职。侵略者，武人好大之野心。传曰："兵，犹火也，不戢必自焚。"而独不监之古乎！有以侵略亡人之国，而卒不免亡国灭种以自夷者；中国历史之嬴秦、匈奴、契丹、女真；欧洲古代之斯巴达、罗马。滔滔者天下皆是也！近观普法战争以前之法，欧洲大战中之德，何莫非以其民族之好战尚武，而备受全世界人之膺惩！传不云乎！"前车之覆，后车之鉴。"而我东邻，乃欲蹈其覆辙也！耗矣哀哉！然而刑仁讲让，忘战必危；有以不抗战而坐贻陨灭者；观于我国，远则徐偃王以仁义亡，近则南宋以讲学削，又其明效大验也，我今日之中华民国，而于不为偃王之徐，南渡之宋，则惟有出之以抗战，而抗战者，匪执政者之威胁我，势临我；而出於我疆我理之情有不容已！往者齐人之伐鲁也，战於郎公叔禺人遇负杖人保者息，曰："使之虽病也，任之虽重也；君子不能为谋也，士弗能死也，不可！我则既言矣！"与其邻童汪踦往，皆死焉，鲁人欲勿殇童汪踦，问于仲尼，仲尼曰："能执干戈以卫社稷，虽欲勿殇也，不亦可乎。"于戏！执干戈以卫社稷，童子之所攘臂以起；而谓觥觥烈丈夫有不能乎；使之虽病，任之虽重；而君子欲不为之谋也，士欲弗为死也，于义既有不可于情尤甚不安！我疆我理，尺地寸壤，何莫匪我高曾祖考，上溯以暨无极，暴霜露，斩荆棘之所仅得有，国必自伐，而后人伐，我不自削，人谁削我！我爱和平，而宁容人之蹂躏我和平！我不侵略，而宁容人之侵略我土地！操戈以守，义不旋踵，此古人造字，国之所以从口从或，而或之所以从口，从戈以守一；凡我邦人父老兄弟，

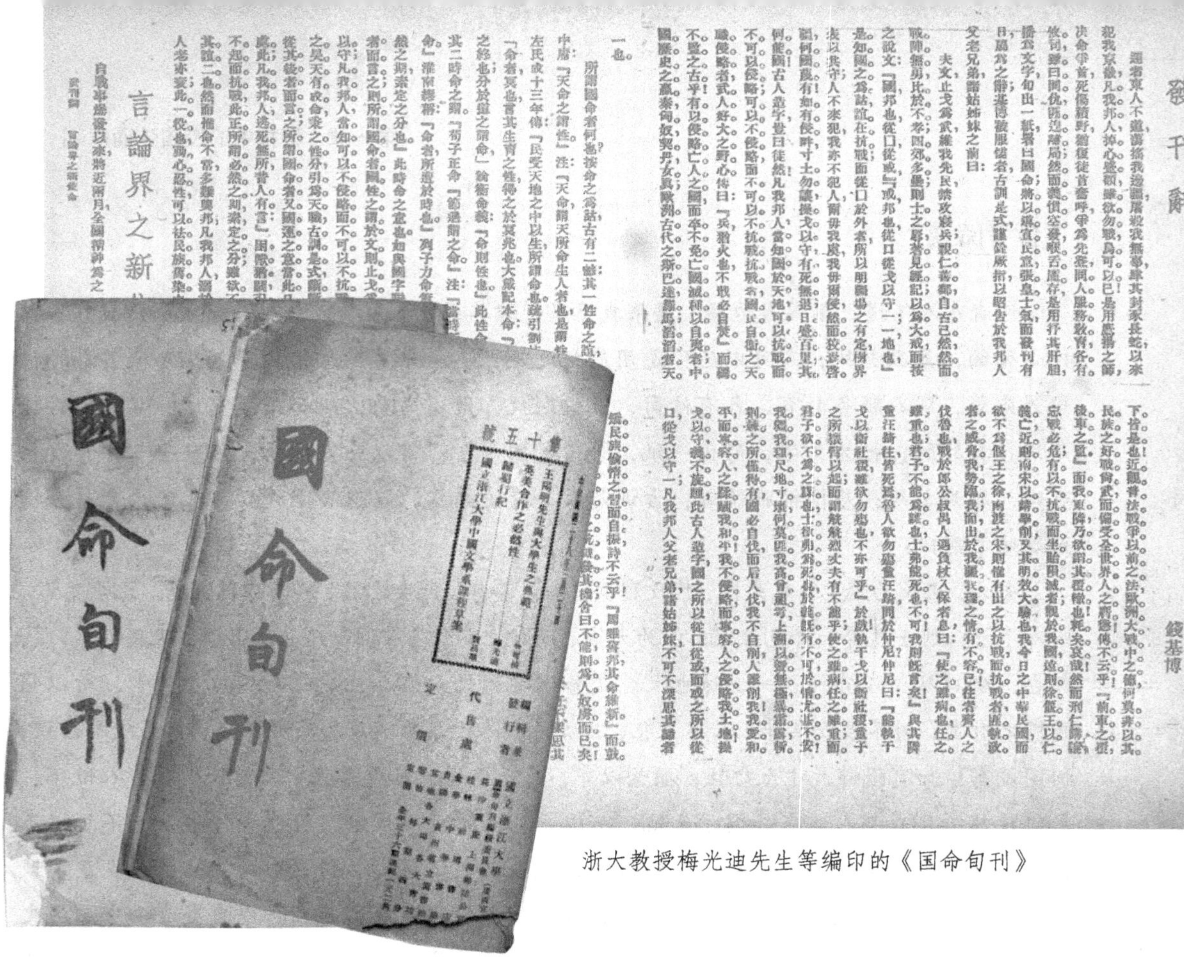

浙大教授梅光迪先生等编印的《国命旬刊》

诸姑姊妹，不可不深思其谛者一也。

所谓“国命”者何也？按命之为诂，古有二释：其一性命之谊，《礼记·中庸》：“天命之谓性。”注：“天命，谓天所命生人者也，是谓性命。”左氏成十三年传：“民受天地之中以生，所谓命也。”疏引刘炫说：“命者，冥也，言其生育之性，得之于冥兆也。大戴记本命：‘命者，性之终也；分于道之谓命。’”论衡命义：“命则性也。”此性命之说也。其二时命之谓。“荀子正命‘节遇谓之命’。”注：“当时所遇谓之命。”淮南缪称：“命者，所遭于时也。”《列子·力命篇》题注：“命者，必然之期，素定之分也。”此时命之意也。如与“国”字联文以解：从其前者而言之，则所谓国命者国性之谓于文则止戈为武，在国则操戈以守；凡我邦人，当知可以不侵略而不可以不抗战，乃我中华民族之昊天有成命，秉之性分，引为天职，古训是式，断断无疑；其谊一也。从其后者而言之，所谓国命者又国运之意。当此日疆寇凭陵，实逼处此；凡我邦人，逃死无所，昔人有言：“困兽犹斗，况国乎！”其势不得不起而抗战，此正所谓必然之期，素定之分；虽欲不战，恶得而不战；其谊二也。然而惟命不常，多虽兴邦，凡我邦人，溺于宴安，木古则枯，人老亦衰；此一役也，动心忍性，可以祛民族旧染之汙而自新；可以矫民族偷惰之习而自振，诗不云乎："周虽旧邦，其命维新。"而鼓舞作新，其必以此日之抗战发其机；舍曰不能，则为人奴虏而已矣！何去何从，孰得孰失？愿我邦人父老兄弟，诸姑姊妹不可不深思其故者又一也。

同人发刊之期，适当国庆之日；所望背城借一，矢志无贰，国命攸续，同人利赖，年年此日，永得以一纸与邦人父老相见，如不自奋而图苟活，人为刀俎，我为鱼肉，昔人有言："虞不腊矣！"存亡之机，决于今日，子犯有言，曰："师直为壮，曲为老。"日则不德而徼怨于我，日曲我直，我志弥厉，推亡固存，义何所让！群贤竞尽其谟，小大咸得肆力；而加之以笃固，申之以忠勇；道有穷而必复，人有激而斯奋，困心衡虑，咸有一德；岂上帝临我而贰其心！苟众志不能以成城，救国不由于得民，民不爱国，惟生是偷；然后黔首有瓦解之危，关门无结草之固；疆寇纵兵，如驱群羊，而天纲解纽，大命既倾，河山垆矣！虽当国孤愤，烈士死绥，将奚救哉！是故当国者，必策民之自知卫其国，而情不已于抗战，道之以政，齐之以刑，不若动之以诚结之以义，故曰："域民不以封疆之界，固国不以山谿之险。"此物此志也。伯尔君子，幸鉴此意！

——钱基博《国命旬刊》发刊辞

第二章

爱国者的长途跋涉

1937 年 11 月，日军在距杭州只有 120 公里的杭州湾金山卫全公亭登陆，浙江大学杭州校本部被迫西迁。浙江大学要搬迁，首先要解决的问题是搬迁到何地去。竺可桢校长和教授们认为，浙大决不搬迁到如武汉、长沙或重庆那样的大城市去，以免造成内迁大学过于集中在大城市，而是要搬迁到那些未有过大学的城镇，甚至僻静的农村，使大学的内迁与中国内地的开发得到结合。随着战事的发展，浙江大学先后四次向大西南搬迁。

竺校长的这一决策，使浙江大学在战事相对安定的山区或农村获得了较为安定的办学环境，有利于保存我国知识分子的力量，培养众多的学生。浙江大学这支“文军”，在大江以南的浙西、赣中、桂北、黔北农村和山区，既坚持了教学和科学研究，又促进了这些地区的开发。同时，浙江大学的学生来源也从原来以东南地区苏、浙、皖、赣四省为主，扩大到遍及苏、浙、皖、赣、闽、湘、粤、桂、黔、蜀诸省，以至招收全国各地（包括东北各省）的学生，发展成为一所全国性的大学。

浙大这支“文军”的长征是播种机，在大西南播下了科学文化的种子；浙大这支“文军”的长征是宣传队，传播了现代科学知识，弘扬了中华民族不可战胜的精神。

（一）初迁浙江於潜、建德

1937年11月5日，日军在全公亭登陆。这是一声霹雳，让清凄的西子湖，顿时笼罩在层层浓重的惊慌氛围之中。因为全公亭距杭州只有120公里，浙江大学师生意识到只有向杭州作别了，这时才着手选择迁校地址，在时间上已感匆促。有少数教师认为可迁萧山湘湖，因为那里有浙江大学的农场，安顿全校师生不成问题；也有人认为可迁西天目分校，尽管挤了一些，还是可以的。但竺可桢校长已察觉到战局不稳，必须搬到更远处。一周之后，浙江大学被迫向建德搬迁。

建德古称严州，下辖六县，历代文化相当发达，古有龙山书院、丽泽书院和文渊书院。这里山水秀丽，民风淳和，但在很大程度上仍保留着自给自足的自然经济，显得相对落后。这正符合竺可桢校长把办学与开发内地相结合的宗旨。

从11月11日开始，杭州校本部的浙大教师、学生分三批出发，在杭州江干码头乘船，于15日全部到达建德。同时，凡是可以搬运的图书仪器，几乎被全部搬离杭州，用汽车或船只运至建德。

11月下旬，浙西形势危急，天目山中的一年级新生，也有陷入绝境的危险，浙江大学决定将之搬迁。自11月底起，天目山分校师生分批行动，乘车、步行、换船，经五天奔波，也全部到达建德。全校稍事休整，立即复课，一学期的课业，并无大的影响。

浙江大学迁至建德的临时校舍，所有办公室、教室、宿舍等，分散在城内各处，总办公室设在总府前方宅，教室分设在林场、天主堂、孔庙等处，宿舍则分散在中心小学、万源当、东门街一带民房。浙大师生员工加上家属不下千余人，所以每天课余饭后，街巷拥挤，加上其他迁来的学校，建德一时成了大学城。

浙大师生在建德两月，虽然生活和工作大都处于非常艰苦的状况，授课却未尝稍辍，大致结束了这一学期的课程。

萧山湘湖的浙大农场

1927年，浙江省设立第三中山大学，改组浙江农专为该校劳农学院。湘湖荒地约百亩，规划为劳农学院实习农场，1928年，开垦种植。

后第三中山大学改为国立浙江大学，劳农学院旋亦改为农学院。“浙大湘湖农场”正式成立，用于垦殖。浙大农学院农艺系学生，前往实习开垦机之操作，利用机耕，在浙江当是首创。

【参考阅读】

…… 我们自十一月十一日始，将教职员学生分配定当，三批出发，每晚一批，约二百人，用校车送至钱江江干，每日自下午六时起，至十一时止，每半小时一次；自江干舍陆登舟，留船一宿，黎明放行。这情况的凄凉，虽然因为当时行得太匆忙了，是不容易察觉出来；但我想：一定有不少师生，在依恋、惆怅和痛愤的情绪中，经受了这惨淡的一夜，而将这印象深刻的留着直至于今，乃至永无尽期。

浙大自设校来以，继续生长，内涵一切，与年俱增，所以迁徙所有设备，诚非易事。一则发动较迟，因为敌自全公亭登陆，是一件出乎通常意料之外的事情；再则待变起从事摒挡，已感匆促，装箱与交通，俱感困难。所幸我堵击的部队，英勇应战，使敌进行至缓，而浙大图书仪器，得以几乎全部迁出。在师生出发之前两日，图书仪器皆分别装箱，车送江干，扛入民船，运往建德。及至十五日，城内已隐隐可闻炮声，杭市乃如死城，居民迁徙一空，街市异常萧条。十六日风声更紧，所有商肆，多榜其门曰“家中有事”“因事回乡”等字样，闭门停业。加以街头巷尾，更有不少南来难民，扶老挈幼，踯躅彷徨，平添一番凄凉景象。是日傍晚，甚至警察也撤岗了，据各方消息，且谓旦暮之间，杭州或且有“山河之异”。

全部师生尽徙建德，留校者此时尚有我们六人，料理运输设备。虽然深受这种紧张空气和谣传之威胁，可是我们在十五、十六日正在努力图运约千件左右堆积校门内外的图书仪器；在工人稀少，车辆难得的情形下，我们仍自己出外尽力觅车，转送江干，每车两箱，代价一元。当时只觉得多运出一箱，便为浙大和祖国多留一分元气。但截至十六日深暮，运出的仍不过所余的四分之一，留着的仍属我们积年珍藏的富有价值的工具，我们相视凄然，有时真忍不住要涕泪纵横了。不得已，相与到校内巡视一番，更将所余各物，移置大礼堂内。乃于午夜凄风苦雨中，更加入了四位同事，十个人挤做一团，装进一辆小卡车中，我们遂初度的离开杭州。

黎明，我们一行人到了建德，跃出车厢，接触了料峭的朝气，我们的镇静倏地又恢复起来了。六小时后，我们在校长和文理学院院长胡刚复先生领导之下，恢复了勇气，增加了几位主力军，又步步为营打探清楚杭州一夜来仍然安睡在祖国的怀抱中，没有一点意外之后，我们重又踏入杭州，在街市秩序逐渐恢复之中，我们更感到兴奋与自信。自十七日起，我们除将已装箱者运离杭州外，更将学校所有可以搬运的东西，尽量移动，不使落到敌人的手中。当时杭市舟车人夫，逃避一空，我们乃计划分程运送，在去杭三十四公里的富阳，和九十六里的桐庐，设转递站，驻员雇备舟车，以便分途运送。当时杭富间，我们只有一辆卡车，在风声鹤唳、城郭萧条之中，我们只有加紧装运；自晨四时许起，至暮十二时止，有时一日五次往来，直至二十二日，方始告一段落。

……

在离杭一月之前，浙大为未雨绸缪计，已请教务长郑晓沧先生在建德筹备临时校舍，建德城小屋少，所以办公室、教室、宿舍，便分散在城内各处，总办公室设在总府前方宅，教室分设林场、天主堂、孔庙等处，宿舍分设在中心小学、万源当、东门街一带，不过虽属破碎，但皆相去不远，往来甚便。建德居民无多，浙大师生及教职员家属合计不下千余人。同时，杭州师范也移至建德上课，而之江与宗文，也一度有设校于此之计。故每届课余饭后，则街巷拥挤，几乎尽是智识分子，那朴素的严州旧府治，顿然市面活跃，成为一座大学城了。

——摘自李絜非《浙江大学西迁纪实》（1939 年 6 月）

杭州江干南星桥码头

【参考阅读】

……建德是去杭州西南二百四十里的一个县城，昔为府治，城依徽港，洪杨乱后，至今荒凉不堪。我校全体师生到后，顿形热闹，一时有大学城之目。我们校舍是借用民房加以修葺的。到了不久，继续授起课来。特种教育委员会和战时后方服务团，也始终不懈地分别工作着。又因为建德地方，没有日报，对于抗战的消息，异常隔阂，本校爰组织情报委员会，出版《浙大日报》，张贴壁报，期以唤醒民众，使前线后方，呼应灵便。十一月向尽，浙西形势危殆，天目山中一年级新生，有陷入于绝地的危险，所以在十一月杪，分批（最早一批十二月二日到严，最末一批九日到严）自山麓鲍家站乘校车至藻溪十二里，自藻溪步行至於潜二十五里，舟行六十五里到分水，再自分水舟行到桐庐五十五里，舍舟登陆，改乘长途汽车到严八十里，途中凡经五日。时值严州初中他迁，一年级新生随即住入。小休后，立行授课，预计完毕这一学期课业，俾无缺少。……

——摘自李絜非《抗战中的浙江大学》

（《教育通讯》第 21、22 期，1938 年）

建德南峰塔远景

【参考阅读】

……在禅源寺上了三个多月课，杭州危急，闻悉校本部已南下到了建德，西天目山的教授们生恐日寇西侵，切断交通线，以致和校本部失却联络，也决定离开西天目山，与校本部会合。我们的行李交总务课押运，女同学和教授坐船，男同学则由军训教官率领，荷枪背弹，行军南下，那时正是十二月天气，温和宜人，我们穿着藏青呢新制服，整队而走，服装鲜明，步伐整齐，引起沿路居民，驻足而望。行军到桐庐，才搭上小汽轮，南下建德。

校本部已决定西迁江西泰和，大家先乘船到常山，从常山步行一天到江西玉山，再搭火车去樟树镇。……

——摘自蔡致谟《随校西迁记》

（载《国立浙江大学校友通讯》新第 3 期，1958 年 2 月 28 日）

建德谯楼（摄于1912年）

建德（严州）县城，因其形如梅，故又称梅城。建德之名，始于三国孙吴，而严州之名则始于唐朝。严州，以严子陵著名，而建德昔为严州府治。严州府下辖六县，即建德、淳安、寿昌、分水、桐庐、遂安，因宋名睦州，故称六睦。建德城四周皆山，尤以乌龙山为著。四郊林壑幽美，山水佳丽，民风淳和，文化发达。严州是宋代善本书的重要刻印地之一，世称“严州本”，刻印过《艺文类聚》《通鉴纪事本末》《剑南诗稿》《礼记集说》等名著巨制。

府前街上，牌坊群下，满街都是读书人

老府前街（摄于1964年）

当年建德牌坊很多，据说县城内有二十多座。左侧两张“清朝耳目”牌坊照片为竺可桢校长所摄（注：“清朝”，“清理朝政”之意）。该坊建于明朝万历四十四年（1616年），牌坊建得十分精致，是一座古代艺术珍品。

竺可桢校长拍摄的建德牌坊

老大南门（摄于 1964 年）

方宅（时为浙江大学总办公室）

府前街3号孙宅（摄于1986年，当年竺可桢校长就借住于此）

建德北峰塔（摄于 1937 年 11 月间）

建德孔庙遗址（现已改为县医院）

建德乌龙山远景

（摄于1937年12月）

建德乌龙山下之农场

（二）继迁江西吉安、泰和

11月20日，竺可桢校长从广播中得知南京国民政府迁都重庆的消息。同时，苏州陷落，日寇南侵，逼近嘉兴，建德也不是安居之地。浙江大学考虑再次搬迁，于是派人到浙江南部和江西等地实地考察。12月2日，教育部来电，同意浙大迁移到浙江或江西南部。竺校长决定亲赴江西，进一步落实校址。经竺校长多日奔波联系，江西省政府同意拨吉安县青原山及泰和县大原书院旧址给浙大，但要求以后能集中迁到泰和。竺校长返杭后立即召集特种教育委员会，“决定提早迁赴吉安。因照原拟寒假中迁往，如是则学生课业无妨碍而吉安方面之房屋亦可从容预备，但南京失落以后，日本人有侵武林之趋势，杭州如失守，则公路必断，而浙赣或不通，故不得不先迁也。即派人赴玉山接洽车辆，以便定期停课”。

浙江省政府迁到浙江南部后，11月26日，省教育厅宣布疏散省立学校，从此浙大代办高工、高农两校失去经费来源。竺可桢只得忍痛遣散这两校师生。之后，浙大就再没有高工、高农了。

12月24日，即杭州沦陷之日，浙大开始撤离建德，师生们走上了极其困难的赴赣历程。

浙大这次从建德向江西吉安搬迁，不像离杭时那样匆促、忙乱，而是更有组织、更有秩序。学生分若干队，每队都有导师一二人率领。兰溪、金华、常山、玉山、南昌、樟树、吉安等地各设接待站。学生和教职工及眷属分三批依次在建德上了民船，到兰溪后，有的步行，有的换乘小船，溯梅溪而抵金华。

12月26日，浙江金华遭到日寇三架重型轰炸机的狂炸，城内创痕满目，浙大的大批师生幸未遭害，但身经其险。竺校长于次日到达金华，也遭遇日机的轰炸，落弹点离他所在的地方不远，幸未受伤。金华连遭日寇轰炸，转瞬之间，市面繁荣顿歇，居民逃避一空。日本侵略军越钱塘江而直指金华的消息不胫而走，搞得人心惶惶，不可终日。这时浙赣铁路因军运关系，客货车都已停开，而百姓逃难如潮。因此，浙大部分教职员和学生，只得集结在金华的几个临时处所。由于柴米难得，许多人已空腹多时，四壁萧条，饥肠辘辘，时值寒冬，冻坐终夜。在这种情况下，浙大师生没有消沉，而是更坚定了坚持奋斗的决心，有的交涉兵车附行，有的沿铁路“安步当车”，有的攀上煤车、敞篷车、难民车和兵车西行，冒受风雨，尝尽饥

浙大离建德时，押运图书的师生在风雨中将一万多件校产装上三十艘民船运往金华、玉山。

建德钱塘江上

1937 年 12 月 26 日，金华被炸，城内满目疮痍

寒。随兵车附行的，往往要在六七天后才能到达南昌。有一部分尚在建德未走的师生，听到金华被炸的消息，便乘船溯水路直抵衢县，转到常山，再设法往江西，几经周折，这些师生才乘汽车分批抵达玉山。

江西玉山，是当时浙赣铁路总局所在地。浙大的所有人员，不管是搭车的、乘船的、步行的，先先后后，陆陆续续，总算平安汇集在玉山。但有 700 多箱图书仪器，装在 30 多艘民船上，仍停泊在金华铁路车站西面不远的河面上。危难时刻，浙大负责押运的教师、职工，四处奔波设法，并亲自动手，将物件分装在兵车、煤车和货车上，到 1938 年 1 月 6 日夜间，才将所有滞留的校产，运离秩序混乱的金华，到达江西玉山。

玉山火车站

但是，当时在玉山要找火车车皮运送浙大师生到吉安附近的樟树镇，简直比登天还难。为此，竺可桢从 1937 年 12 月 28 日起在玉山停留 11 天，在小雪时续、北风劲吹的玉山四处奔波，托人求情，联系车辆。直到 1 月 7 日铁路局才同意拨 10 余节车厢给浙大使用，实际上又过两天之后，总算在贵溪联系到一低钩车头，才将浙大师生和图书仪器运往江西樟树镇。而另外乘坐在一列客车上的师生，却不知下落，经竺校长再三查询，方知该车厢竟被甩在江西乡间的向塘，这些师生饱尝困顿一星期后，才被运抵樟树镇。

从 1937 年 12 月 24 日到次年 1 月 20 日，浙大师生从浙江建德出发，经金华、玉山、樟树，转抵江西吉安，行程 752 公里，平均每天前进 30 公里，饱受了惊吓和风霜之苦，经受了考验和锻炼，幸而人员、物资都无损失，平安到达目的地。

这次迁校的目的地是泰和。由于战局发展迅速，浙大提前迁离建德，泰和的房舍来不及准备就绪，而吉安却有两所学校正放寒假，房舍空着，所以就借了来，作为浙大临时落脚之地。

吉安远景

浙大迁到吉安后，教职员住在乡村师范，眷属租用了当地一些居民住房，学生则全部住入白鹭洲上的吉安中学。为了不致荒废学业，利用乡村师范和吉安中学放寒假期间，浙大决定借屋暂行上课，以结束一学期的课程。因有吉安中学的一些现成设备，不用花很多力量，所以比较方便。学生上课两周，接着进行期末考试，然后休息一周，便准备南行40公里，深入泰和乡间。

吉安的赣江堤岸长7.5公里，有一浮桥与江中的白鹭洲相连。白鹭洲是一个长约2.5公里的江中小岛，学生们居住的吉安中学，原为白鹭洲书院遗址，文天祥所书的“古吉台”石碑竖立在白鹭洲头“风月楼”前。这里是一个清幽绝佳的读书地方。

2月中旬，所借住的吉安中学与乡村师范的寒假期满，浙大师生即于2月18日由水路（赣江）和陆路（赣粤国道）迁移到泰和。浙大离去后不久，白鹭洲便遭到日寇飞机的轰炸。

吉安白鹭洲

白鹭洲头

白鹭洲，在赣江中形成的一个小岛。洲上的吉安中学正好放寒假，浙江大学便利用假期，借屋暂行上课一个月。

白鹭洲岛上的风月楼，如今还在并修缮一新

当年通往白鹭洲岛上必经的浮桥（摄于20世纪60年代）

浙大学子在泰和乡间刻苦学习

泰和又名白下，千里赣江自南往北穿越而去，赣粤国道沿江而行。浙江大学临时校址就在泰和城西 2.5 公里的上田村。该村有两座古时书院，即大原书院（又名千秋书院）和华阳书院，还有趣园和遐观楼（即藏书楼）。浙大师生抵达泰和后，稍事安顿，便继续教学，科学研究也未停顿。学生黎明即起，在朝阳之下，漫山遍野，朗诵默读。白天不够，又复三更灯火，埋头苦读。为了要补足搬迁期间所受到的影响，各学院的课程和实验，都比以前有所增多。无论教职工和学生，工作时间和学习时间都自觉延长。于天目山开始实行的导师制在这里也继续贯彻，师生之间相互切磋砥砺，关系更为亲密。大局势如此纷乱急迫，这里的小环境却如此有条不紊，这在抗战时期国内各大学中是不多见的。当时教育部派人到全国各地巡视，认为浙大是所有西迁大学中教学秩序和教学质量坚持得最好的一所。

广大师生并没有忘记外部世界，“读书不忘抗战”。由于浙大搬迁所经的建德、泰和等地，都无日报，也不能及时看到其他报刊，消息闭塞。为改变这种状况，浙

泰和上田村大原书院

泰和大原书院（浙大总办公处）

大组织了“情报委员会”，从建德起就出版《浙大日报》。利用自备的无线电收音机，夜间收听记录新闻消息，予以摘编，先是用壁报形式张贴，接着在建德铅印20多期，到泰和后，没有铅印条件，改为油印发行。每期由每天的晚上9时起，到次日上午9时止，分别由工读学生（勤工俭读学生，当时称为工读学生）和职员二人收听并记录，上午10时编好，接着刻印，12时左右发行，并由工读学生上街叫卖，颇受当地群众欢迎。内容除国内外新闻外，并酌登校闻、论著、通讯。《浙大日报》出刊一百期时，竺校长于5月19日特为《浙大日报》增刊撰写了《百期纪念感言》。文中说道：“浙大日报是在中华民国全面抗战以后出世的，是在我们浙江大学颠沛流离中产生的，浙大日报之所以刊印，并不是偶然，而是适应环境的需要。我们学校一迁建德，再迁泰和，建德与泰和统是没有日报的地方，而在全民族热烈抗战的时候，前方战场的消息，国际形势的变态，我们全校人士，刻刻关怀，莫不以先睹先知为快。所以学校虽在困苦颠沛之中，而《浙大日报》呱呱堕地之后，不但能继续维持，而竟能逐渐扩充篇幅，在极短时期以内，给我们以精确的消息。……《浙大日报》不但给我们以最近的消息，而且时时促进我们的自省……”

泰和浙大校舍（趣园）

浙大师生抗日热情很高，开展了许多抗日活动。如学生自治会发起给前方将士捐献棉背心的活动，竺可桢就命拨出两间房子作缝制场所，带头捐献以供制作费用，并常和夫人到制作场鼓励，夫人张侠魂更多次到现场指导。以后学生自治会又发起募捐活动，竺可桢夫妇率先捐献了他们的结婚戒指。夫人张侠魂还发起在

1938 年 7 月 7 日举行“七七卢沟桥抗战一周年纪念”活动，并亲自撰文以志纪念。

浙江大学师生留住泰和期间，为当地人民做了三件好事：修筑防洪大堤，创设澄江学校，协助开辟沙村垦殖场。

修筑防洪大堤是有益民生的急事。因赣江主流所经，两岸大多为平原，泥沙淤积，夏天大雨时，几乎年年泛滥。上田村的楼壁墙角，已往的水痕斑斑可见。当地人民虽屡遭水害，但因无力防治，也就习以为常。浙大到来了解这一情况后，即与江西省水利局及泰和县政府三方商量，决定修筑防洪堤，由地方出钱，浙大负责全部技术工作。为此，组成堤工委员会，推选竺校长为主任委员，由浙大土木系的工读学生在教师指导下测量水位和堤基，4 月底开工，到 6 月底完工，历时两个月。防洪堤东起泰和县城，西至梁家村，全长 7.5 公里，所有土方、涵洞、水闸等工程都如期完成，堤工最多时 800 人。虽当年恰逢雨量少，未发水灾；第二年即发洪水，当地人民未遭水害，都称颂浙大的功劳。此后，上田村一带未再遭水灾。新中国成

泰和浙大校舍趣园之一角

泰和浙大校舍大原书院

泰和华阳书院，时为浙大农学院所在地

立后，政府屡次组织民工加固堤防，但当地群众特别是老年人，仍然感念浙大师生在抗战时兴建的“浙大防洪堤”。江边还设有一码头，当时叫“浙大码头”，这个名称一直沿用至今，也是浙大曾在泰和停留的永久的美好纪念。

创设澄江学校（赣江流经泰和的一段，又名澄江）是浙大为当地人民所做的另一件好事。浙大推选四位教授组成校董会，由热心教学的大学生兼任教师。澄江学校的创设，改变了原来农村小学师资程度低下、设备缺乏等状况，使得农村儿童和搬迁中的浙大教职工子弟得到比较良好的教育。后来这所学校被省立实验小学接管代办，对当地教育事业的发展有所裨益。

到 1938 年，战争的烽火已迫使不少苏、浙、皖的群众流离失所，有的难民来到了江西，缺乏生活依靠，于是浙大和江西省政府商议合办垦殖场，以解决一部分难民的居住和生计问题。沙村附近高垄一带原有荒田 600 余亩，政府在此建立了沙村示范垦殖场，由浙大土木系工读学生勘定、测绘，并由农学院负责主持筹划，由两位浙大毕业生具体指导。这个垦殖场安置了 140 名战区难民，他们垦荒耕种，集体经营，这样既使难民的生活有所着落，也使农垦事业有所推进。

竺校长对泰和县农村衰败、人丁锐减的情况也甚为关切，特地嘱托在垦殖场工作的两位毕业生对吉安地区 11 个县区的部分乡村进行调查，他们靠步行整整

自泰和新成立之堤看上田村

调查了三个月，获得了当地农村的不少情况和资料。

浙大的师生还先后多次进行救亡宣传，演出了《卢沟桥》《汉奸的末路》《中华民族子孙》等话剧，十几里外的村民都赶来观看。浙大学生还到泰和、吉安乃至赣州宣传演出，募集救护伤兵的捐款。浙大教授还组织前线慰劳队，赴汉口并转到前线慰劳将士，节约自己的膳食费作为捐款。影响所及，小学生们也热烈响应。同仇敌忾之气，一时激荡赣江上游各地。

1938 年 6 月 26 日，浙江大学有一批毕业生即将走向社会。这也是浙大在抗战中的第一批毕业生。竺校长在当天举行的毕业典礼上，发表了《大学毕业生应有的认识与努力》的富有哲理、充满激情的讲话。他勉励学生要日日新，又日新，以天下为己任，使中华民族成为不可灭亡的民族。他希望同学们“不求地位之高，不谋报酬之厚，不惮地方的遥远和困苦，凡是吾人份内所应该做的事就得去做”。竺校长在结束讲话时说：“现在救国的责任，已在诸君身上，希望大家能担当起来。”

欢送了毕业生，浙大又准备招收新生——包括那些在战争后方迫切希望求学的流亡学生。但是，时局多变，6 月下旬 7 月初，江西北部的马当、彭泽相继失守，泰和已不是安全之地。即使敌人未必很快深入江西中部和南部，但只要南昌一陷落，浙赣铁路就会中断，届时就无法迁校，因此，浙大不得不再次筹划西迁。

学校再次组成迁校委员会，竺校长亲自出马。7 月 3 日，竺校长在武汉找到教育部长陈立夫，陈同意必要时浙大可再次迁校，并说贵州安顺可以考虑。竺校长就经长沙赴广西，到各地考察，寻找合适的地点。

泰和大原书院外景

7 月 23 日，竺可桢在桂林得到校中催他回去的电报，得知夫人张侠魂患了痢疾。7 月 25 日，竺可桢急行回到泰和，在浙大长堤上见到等候在那里的竺梅、竺安、竺宁（长子竺津已在 1938 年 1 月考取军校离家），大女儿竺梅说妈妈的病好些了。因为没有见到次子竺衡，竺可桢就问衡儿在哪里，竺梅呜咽着说“衡没得了”。竺可桢听后惊呆了，眼泪簌簌流下。早两天在途中曾听学校里人提及竺衡生病，他以为不过是小病，万万没有想到竟会夺去一个 14 岁孩子的生命。他赶紧回家，看到张侠魂因患痢疾病卧在床，身体已十分虚弱。竺可桢走到床前探问，张侠魂说她真怕再也见不到他了，还问衡儿的病怎样了（家人怕刺激她，向她隐瞒了竺衡已病逝的情况）。竺可桢强忍悲痛，抚慰夫人。张侠魂和竺衡当时得的是痢疾，本不是大病，可惜当时医疗条件太差，抗战时在泰和这种偏远之地更是缺医少药，而张侠魂这时已经病得很重，竺可桢回校后虽多方设法，终于无法挽救。8 月 3 日上午，张侠魂不幸逝世。半月之内，竺可桢接连失子丧妻，遭到了沉重的打击。但是，形势所迫，责任所在，竺可桢强忍精神上的沉重创痛，仍然力疾从公，坚持工作。8 月 10 日，浙大教职工为张侠魂举行追悼会，到场教职工和学生 300 余人。师生们看到竺可桢校长哀痛憔悴的面容，都深感痛悼，全场呜咽。9 月 15 日，张侠魂和竺衡母子葬于泰和松山。

竺可桢夫人等人登泰和武山

张侠魂女士灵堂（竺可桢悼念张侠魂挽联：惨兮子遽离尘世同甘苦已廿年，相期以大义，奈一朝永诀，雪馆云峰情何以遣；乌乎余何负昊天哭仲儿才十日，又遭此奇灾，纵再度重逢，落花流水渺不可知！）

【参考阅读】

1937 年 12 月 11 日（竺可桢日记）

……二点偕叔絧、胡、滕及周夫妇出发。沿途均系赣江平原，直至新淦以后始见山，至八都始峣峭不平。据叔絧云，江西四大镇，樟树出药材，河口出纸，景德镇出瓷器，武城为树木聚集之所云。河口之纸系连史纸及毛边纸，连史纸用以印《营造法规》等书籍云。……七点前十分即抵吉安。路颇平直，惟至吉水渡以后二十五公里路曲。……九点至督察专员公署，晤刘专员振群（号嵇鹤，万安人）及吉安知县胡运鸿（号南屏），知第五后方医院及残废院均欲用青原山。……

12 月 12 日（竺可桢日记）

……至青原寺，中有文天祥书“青原山”三字，余为拍一照。在大殿前由住持高光和尚招待，视察寺屋一周，适第五后方医院亦在彼看屋。屋尚称完好，惟厢房须修理。大殿后树木颇佳，数百年古松多株。后有七祖塔，上有王阳明书“梅溪正宗”四字。在边屋有宋宣和间武阳李纲诗，系梁溪伯纪书。在此进面食后遂至阳明书院，即在左邻，正在修理，其中可住学生一百八十人之数，而青原寺则可作教室，颇适于一年级之用。阳明书院建于道光年间，……曾为红军学校。……五点偕胡、周、滕诸人至乡村师范……次赴白鹭洲，须经一渡，地在洲上，系宋江文忠公（万里）所立，然常遭大水冲坏，今年水亦没上岸二三尺之多。至校后视察一周。……

12 月 13 日（竺可桢日记）

南京失守。……八点二十分车抵泰和。由和平门即北门进城，至县署晤县长鲁绳月，湖北人，在任两年余。余等约其同赴上田看萧家屋，只离城六里许。称萧百万，以盐业起家，名萧炳南。子名绍典，孙名葡春，曾登两榜，并喜搜罗书籍、造图书馆。葡春为绍典之长子，尚有弟三人，各占一屋，以是屋宇鳞比。……至萧屋环视一周。屋之结构甚佳，高敞，而梁柱门窗均有精细之雕刻，惟楼板及窗均毁。非毁于共产党，而毁于共党去后之兵士。……来往兵士迭次迁调，故楼板等尽作薪炭。……至两里外之大原书院，亦系萧百万所建而被毁于兵者。但屋宇均尚完好，惟楼板、窗户无存而已。……回吉安，……至南昌，……

吉安青原山。“青原山”三字为文天祥手迹。照片中为周承佑、胡刚复、邓熙。

【参考阅读】

…… 当离开建德，首批师生自兰溪舟行或步行到离金华不远的地方，金华于十二月二十六日下午一时许遭了敌重轰炸机三架空前的狂炸，城内疮痍满目，本校的大批师生，幸未遭害，但身经其危的，自校长，胡、李、卢三院长以次教职员，不下二十人，所幸无一损伤。转瞬之间，金华繁荣顿歇，居人当日尽徙，入晚风雨大作，令人几乎有置身墟墓之感。重以杭州失陷，消息既以广步，敌越江南或循公路而直指金华，穷追我军，使浙赣改观，亦属可能之战略。因之，人心惶惶，不可终日。我们在金华这样空气笼罩之下，大家希望早上浙赣路火车。当时先后动身集于金华之师生甚多，乃以市肆停业，柴米难得，有不少人多时枵腹。是晚，同人分别留于铁岭头五号和龙游地方银行内，四壁萧条，几乎相嘘以气，冻坐终夜。抱着第二天乘车西行的希望，大家勉强地忍受了这一夜。

可是出乎意料之外，跟着第二天曙光以俱来的，是火车不通的消息与事实，是警报的频频发出，是食物的更难购得，是风风雨雨的终朝不息。但大家不禁各自发了一种大的决心，有的留下，有的交涉兵车附行，有的径自沿着铁路“安步以当车”。乘火车的，很多搭乘煤车、敞车，冒受风雨，尝尽饥寒。但终了到达了衢县，转赴常山。彼时自建德第二天以次出发的，在兰溪听见金华被炸火车不通的消息，大多仍留船上，溯新安江而至衢县、常山。常山到玉山有八十里的汽车道，本校在事先深恐铁路中断，预为接洽好了常玉公司的车辆。至是，乃以专车送我们师生至玉山，于是全部师生，俱在此后一周间，到达了玉山。

……

话应当说回来，二十六日以后，留金华的少数师生，不久也陆续的搭了火车到达玉山，加入了大队。但有一批图书仪器约七百余箱，由职员八人及十余工友照料着，装了三十多只民船，停泊在金华车站北面不远的河里；当时谣言既炽，警报频频，榜人百余，日以逃走卸货相恫吓，希望立将箱件卸下，以便将船只驶避上游。在此危疑震撼之中，终由负责照料的人员支柱其间；一方面积极的向车站中人设法，在兵车、煤车以及材料车上分加上去，如此至十二月六日夜间为止，遂将所有搬出的校产，

江西玉山之水车

江西玉山之水磨与水车

运离秩序紊乱使人丧失胆气的金华，于七日的清晨，在浙大专车出发之前，到了玉山。

专车开出后的第三日（九日），玉山遭了一次残酷的轰炸；敌人灭绝人道的在闹市上投了炸弹数十枚，所幸浙大百分之九十以上的师生，于两日前离此，否则也许不免有人波及，而是日尚留玉山的少数师生，虽也幸告无恙，却已饱受虚惊。

所有留玉山的图仪车辆，一月十三日尽行开出，接洽车辆的齐学启、李絜非两先生，亦遂于十三日午乘伤兵车于次日抵南昌，转赴樟树；待至樟树，才发觉了有一辆 TP 163 号的客车未到。十六日，重新回到南昌，找浙赣路线区司令部打电话给沿线各站站长，终于探知这一车中师生被留在向塘的乡间。于是又到了向塘，寻到他们这一行人，问知他们的经历，更多折磨：他们以十日之久，方始走了两百六十四公里的短短距离，为的无车，为的疲惫，便留在此间小休，自己煮饭，自己洗衣，竟在度着乡村的生活起来，终于在十七日以及二十日两日，先后将这一批落后的师生和行李运抵樟树。这最后一批的师生舟行到达了吉安，已在一月二十一日，至二十六日，最后一批的行李和图仪也到了同一地点。

……

江西之梯田

这里应先表明一段湮没的史实，我们得教育部和江西省政府的指示与协助，以及校长、胡院长等的勘察结果，最先本定迁至吉安白鹭洲上的吉安中学校址，同时修葺去吉安十五里的青原书院（王阳明先生讲学之地），拨给吉安的省立乡村师范，而以乡村师范的校址，让渡与吉安中学。此议方行初步，乃以变动太大，中途停顿。浙大遂实行第二步计划，即是为认真课业不致荒废时间起见，在吉安利用此两校寒

江西吉水渡头

假期间，借屋暂行上课一个月，以结束这一学期的课业。另一方面，便积极进行修缮泰和南郊大原书院等处的临时校舍。

师生到达吉安后，教职员住乡村师范，学生则住入白鹭洲上的吉安中学；因为有现成的设备，无需多事布置，所以甚为简便。自二十二日起，教职员一律恢复办公，学生开始授课两周。继之，自二月三日至九日的一周间，举行廿六年度上学期的学业考试。考试后，休息一周，准备南行八十里而深入泰和的乡间。

白鹭洲上的吉安中学，原为白鹭洲书院遗址，在赣江中，形成一小岛，为宋季文文山先生肄业的地方。树木葱茏，烟波浩淼，修游其中，在学生的身心上，不仅足以调剂其长途的劳顿，且可焕发其欣欣向荣的志趣。许多师生，致憾于留住太暂，深愿长期的攻读是间。……

“旧吉安府统县凡九，为东南名郡，江广之正途，驿骑之要会，数其名胜，必推白鹭与青原。盖人不藉地而重，而地实藉人而重，过其地者，忠爱之心不觉油然而生。泰和北距吉安八十里，浙江大学临时校址在泰和城西五里之上田村。泰和古西昌地，又名白下，前挹澄江，后引科岭，良畴中拓，豁然平衍，庐舍田园，远近映带，衣冠文物，代不乏人。上田村，著姓萧氏之居也，有大原书院与趣园遐观楼，负山襟江，真趣洋溢，中涵池塘，可资灌溉，俯仰之间，轩豁明秀，殆清淑之所萃也。前人诗云：‘百年乔木今更蕃，万卷遗书旧常有’，今古榭幽茂，学舍整饬，惟遐观楼旧有藏书，已遭兵燹之厄，今仍设大学图书馆。澄江即赣江，公路沿江而行，迳达校门，乃全省之通衢。江滨烟渚萦回，峰峦挺秀，寒涛似卷潇湘之雨，渔火如近枫桥之夜，朔暮变态，无不可赏，于青原白鹭之外，别开胜境。怀文山之母邦，溯赣浙之学统，凡抗战与求学，抗战与民生等要义，前贤垂教，至为深切而著明，吾侪学子，慨然有继往来此之意，当知所以兴起。”[1] 以上是本校地理教授张其昀先生笔下之泰和风光与人物的缩影。这段话不仅鼓励在泰和时期同学的感奋，并且还足使未到达此邦的人发生景仰响慕之感，而更使曾经侨居此地的我们，发生了深刻的怀念和回忆！

[1] 引述张其昀先生《文文山与王阳明》一文之结论，见《国命旬刊》第 7 期。

中山院

阳明院

文山院

吉安中学畔月池

乘着全体教职员和学生在吉安恢复课业的一周间，一部分职员便先行到泰和乡间筹备，临时校址去泰和县城西五里之上田村，浙大所借用的房屋，共有四处：（一）大原书院（离城最近约五里）——总办公处和一年级学生主要授课住宿的地方；（二）老村（大原书院西北里许）——教职员眷属主要住处、储藏室和试验室；（三）新村（老村西北里许）——图书馆、礼堂、教职员宿舍和二三四年级学生授课及食宿地方；（四）华阳书院（老村西二里许）——农学院试验室和农场所在地。凡旧有和新增，有房舍不下四百间，……待陆续修葺之后，尚称足用。

一番跋涉，一番苏息，我们的新力量，不久便在这新环境里焕发出来。自三月十八日起，直到六月三十日止，其间凡五十周，努力课业，未尝稍废。各院系的实验，亦于四月份开始，日中不足，继以焚膏。同学黎明即起，在朝阳之下，漫山遍野，朗诵默读。此番景象，凡曾参与其间过的，当会没生不忘。白日既匿，又复三更灯火，埋头苦读。大环境如此急迫，小环境又如此清幽，只有培植品质，增益智识，以供今后国家社会之用，实为全校一致的体会和行动之指针。

泰和浙大教职工宿舍之一

泰和上田村大原书屋前

五月一日，开始学生的贷金，这给予大部学生以一莫大的解慰和安定。因为浙大的学生，大部籍隶江苏南部、浙江北部，即太湖流域；此时故乡告陷，接济断绝，实施学生贷金之前，并已先行工读办法(三月十四日)，后者较前者尤足减少流弊。其由委员会规定办法重要的有:(一)工读委员会分调查、情报、教育、工程、垦殖、卫生、事务等股，有必要时，得增设他股；(二)本校学生得向本会请求工读，缮具申请书，送交调查股；(三)各股主任应分别拟就各股工读计划及预算书，经校长批准及通知会计课后，即将需要工作之种类及人数，通知调查股，由该股编制工读学生名单，送交各该股主任选用；(四)学生工作报酬，每小时以一角至二角五分为限。实施以来，颇著成效，至贷金多寡，则视所在地随时的生活情形而增抑之，以维持其每月的生活于不敝。

……

建德和泰和，皆没有报纸。应事实的需要，在建德时，除最先贴布壁报的一个时期外，继之，曾利用我们自备的无线电收音机，编印了二十四期铅印的《浙大日报》，不但使校内灵通消息，且深受建德各界人士的欢迎。到了泰和之后，自三月七日起，铅印既不可得，

华阳书院内部，上课、住宿、做实验的地方

乃改用油印发行。每期由前一日的晚间九时起，至第二日上午九时止，分别由工读学生及职员二人，收听并记录国内外各电台所播送的新闻，十时编就，继之抄印，每日十二时左右出版；视新闻之多少，出版自一页至二页半不等。除国内外新闻外，并酌载校闻、论著、通讯。《浙大日报》除了本身灵通消息的贡献以外，并倡导为抗战需要的募捐，随时宣传，逐日公布，计先后代收救护受伤将士医药捐款法币一千三百六十二元六角六分，又代收学生宣传队公演收入的一部，合共经募一千九百七十六元四角二分，分三次汇寄汉口大公报馆收转，呈献国家。《浙大日报》的效力，可于该报百期增刊中校长的《百期纪念感言》中见之："《浙大日报》是在中华民国全面抗战以后出世的，是在我们浙江大学颠沛流离中产生的，《浙大日报》之所以刊行，并不是偶然，而是适应环境的需要。我们学校一迁建德，再迁泰和，建德与泰和统是没有日报的地方，而在全民族热烈抗战的时候，前方战场的消息，国际形势的变态，我们全校人士，刻刻关怀，莫不以先睹先知为快。所以学校虽在困苦颠沛之中，而《浙大日报》呱呱坠地以后，不但能继续维持，而竟能逐渐扩充篇幅，在极短时期以内，给我们以精确的消息。……《浙大日报》不但给我们以最近的消息，而且时时促进我们的自省。上田村比较上海、杭州，或是汉口、重庆，何啻霄壤，在此穷乡僻壤中，所看见的是青山绿水，所听见的是鸟语虫声，到处所遇到的是村妇车水与农夫插秧，毫不觉得是战时景象，正如世外桃源。在这种环境之下，很容易养成晏安逸豫的习惯，忘记了鲁西苏北我们几十万健儿，正在枪林弹雨中，浴血抗战和敌人肉搏。惟有日报每天在提醒我们，敌机如何疯狂轰炸，在敌人铁蹄下的同胞，如何忍耻受辱，而我们勇敢的将士们，又如何奋不顾身的驱除寇虏，甚至杀身成仁。所以《浙大日报》，也是我们当头棒喝，我们每天读了《浙大日报》以后，应该自问我们在后方的人们，有没有尽了做国民的责任？"《浙大日报》今日在宜山仍在继续成长中，循时俱进，至五月初已超过了第四百期了。

……

在这期间，有件不幸的事情，虽似属于一家，但实为于一校甚至邦国的，是为竺校长夫人张侠魂女士的逝世。师母系出三湘名门，与邵翼如先生夫人张默君女士为姐妹行，早岁曾献身教育，又尝在北平练习飞行，与竺校长结婚以后，除协助其事业教子治家以外，尤热心社会事业。抗日战事发生以后，在杭迭次发起救护伤兵捐衣赠食运动，及至泰和，更为努力。对于校内男女同学，以逮工友，亦时致顾护，推衣解食，不遗余力。浙大近年以来，其内部充溢慈爱祥和与民物胞与之情趣与行动，竺师母精神感召之力实多。先是泰和乡间卫生设备不周，竺校长之二公子衡于七月二十一日患痢不治，师母亦同时患痢，其时竺校长为领导慰劳将士及勘地迁校等事，正仆仆湘桂道上，闻电驰归，经名医诊治，而师母病已沉笃，延至八月三日逝世。校长忧患余生，悲思可知；徒以国难方殷，校务待理，力自振作，公而忘私，仍每日到校治事不辍。同人旋于八月十日举行公奠，当时阖校莅临，多人坠泪，具见其感人之深。九月十五日发引，即权葬于本村科岭山原，执绋者数百人，同时学生团体更为纪念师母起见，于“八·三”纪念日向师生工友捐集款项五百余元，组织慰劳团，慰劳过境伤兵（参见上节）。竺师母故后，浙大师生犹多追慕不衰，深信其精神不仅在一校将留永久之纪念，亦且足为中国妇女之典型。……

——摘自李絜非《浙江大学西迁纪实》（1939 年 6 月）

泰和浙大校舍远景

【参考阅读】

……在玉山等了两天，好容易包到了一辆火车，只有两节是客车，当然由教授和女同学乘坐，男生只能坐铁篷车，我们坐的一节车厢，以前曾遭轰炸，弹痕累累，车小人多，无法躺下来睡觉，没奈何，大家只好把腿裹在被窝里，背倚铁壁或互相背靠着背，胡乱闭目养神。离开玉山时天快黑了，朦胧中只觉得车行甚缓，一觉醒来，天刚拂晓，昨夜大概结过厚霜，我的背已冻僵，只觉满身冰冷麻木，原来昨夜靠铁壁睡着了，我虽穿着制服呢大衣，可是身上的热气，全给铁壁吸去了。别的同学也都有这种感觉，大家赶紧拉开铁门，下车活动筋骨，才使身体暖和了过来。

到樟树镇下车，再换船溯赣江而上到吉安，暂借吉安中学上课一周后，举行学期考试。吉安中学在白鹭洲，是赣江中一个小岛，杨柳堤岸，立高处遥望江上，只见白鸟回翔，帆影明灭，若当落日时分，半天红霞，衬托出一片修竹，看倦鸟归林，雀噪鸦啼，又别有一番景象。风景秀丽如此，难怪宋朝大儒欧阳修要选这个地方来讲学了。……

——摘自蔡致谟《随校西迁记》

（《国立浙江大学校友通讯》新第 3 期，1958 年 2 月 28 日）

【参考阅读】

……浙大由建德撤离时，我们三四年级女生同竺校长夫人等眷属分乘几只大木船从水路行船到了兰溪，大木船后给国军征用，船上人就分散成许多小组，有的到金华去搭最后一班难民车，有的自找公路汽车，有的乘小木船沿江而行，有的背了铺盖步行。十几天后大多数人又集中在衢州城见到了竺校长和竺师母。沿铁路线前进到了江山附近，住进了一节破车厢，车里除竺校长全家外还住满了三四年级女生和一部分背了学校枪支的男同学。因火车在荒郊里，所以车里的人生活很艰难。有一天，竺校长的大儿子大发热心说："让爸爸妈妈同你们女生去逃难吧！我宁愿战死沙场！"想不到第二天就不别而行，去从了军，竺师母整天愁容满面。第二天，竺校长请来舒鸿老师，由他领了我们三年级女生队伍由江山步行到玉山。在中途，我们会合了由另一位体育老师领队的四年级女同学。到玉山时已暮色苍茫，进城就寻找投宿处。最后找到了一家三开间铺面的棺材店，那满面春风的胖老板客气地说：女同学过夜没有问题，楼上有的是空房间。我们到楼上就地打开铺盖，胡乱买了些吃的东西，填饱肚子，几十个女同学奔波了一天，尤其是大四女同学是从常山来的，路比我们走得更多。据睡在我身旁的姚慧英同学告诉我："她们天不亮就上路，一天整整走了一百华里路。"她给我看脚底走出了水泡，脚后跟还在流血。我们不过跑了她们的一大半路程，因背了行李走，也够累的。顷刻间语声绝，鼾声起，大家渐入梦乡。唯独我的香港脚，痒的难忍，越抓越痒越不能入睡！没办法拿了自己的洗脸盆走往门口。舒鸿老师和另一位体育老师都睡在门口。舒老师开口问："你不睡觉要干什么？"我说："脚痒难睡，想下楼去厨房里讨些热水烫一下脚再睡。"他嗯了一声让我走出门口，并叮嘱我"烫好了脚就上来"，我匆忙往楼下走，走到半楼梯看到楼下店堂里灯火黯淡，黑幽幽一屋子人，我停下脚步细看是怎么回事。只见十几个人一队扛着一个个黑大的东西，送往大门口，我猜想一定是扛棺材出去哩。我只好立在楼梯口让路。当一队又一队扛过我面前时，我看出不是棺材，是同棺材同样大小的东西，而且尾部都有三个大翼瓣，我立刻意识到这东西可能是炸弹，这下子使我吓呆了，立即返身上楼到了门口。舒鸿老师问："为什么下去一会儿就上来了？"我说："厨房走不通，下面在搬运炸弹。"他立刻问："是真的吗？"我说："你不信自己下去看！"他立刻下楼去观看，不到一分钟上楼狂吹口哨，并发口令叫女同学们立即卷起铺盖撤离棺材店。女同学们这下子全吓呆了，大家向舒老师哀求睡到天亮再走吧。可是舒鸿老师铁板了脸，催促大家快快打好铺盖卷立即下楼。当女同学队伍被迫离开棺材店时我走在最后面，我怕听同学们的怨言。我边走边流泪，我内疚我这害人的香港脚弄得大家不得安宁。

三九寒夜，北风怒号，舒鸿老师沉默地领着女生队伍艰难地走出城门，走向火车站，忽然，大家听到轰炸机的鸣声，枪声越来越近，舒鸿老师立即发令叫大家四散卧倒在田埂边，敌机低飞掠过我们的头顶，刹那间投弹在城里，火光冲天。当敌机飞离上空时，我们看到在火光中从城门蜂拥出来的人流，大家齐口同声问："什么地方被炸啦？"回说："城里棺材店全炸光了！"这下子女同学密密包围着舒鸿老师欢呼："好险呀！好险呀！你救了我们的性命！你真是我们的救命恩人！"舒鸿老师笑着说："你们不知道炸弹运出说明情报已泄露，所以我迫使大家立刻离开险境，生死关头相隔不到两小时。如果大家一拖，不是全葬身火海吗？好了，现在快到车站过夜，天亮后再向樟树镇出发吧！"……

——摘自吴俭农《缅怀舒鸿老师》

（《北美浙大校友会通讯》第 28 期，1991 年）

兰溪民船上，浙大师生自建德避难赴泰和(1937 年 12 月)

【参考阅读】

……学校假萧家上田村为校舍，还有一座趣园作为教室，有许多祠屋充作男女生宿舍、教职员宿舍、饭厅等，还有许多教职员家眷便租用附近上田村的民房。我记得上田村后面有一个防水堤，上有树木，堪称为上田一景，我们常在那里散步闲游。从上田村到泰和县城亦不远，常有市集，我们也前去赶集。

……有一次化工系的程耀椿教授在泰和赶场时买来了一斤虎肉，他在锅内红烧了，我们吃饭时他拿来请客，谁知此肉臊气太重，无法下箸，刚好桌下有一只狗在觅食，我们就丢一块给它，那条狗稍嗅闻，即卷尾而逃，猛虎虽死，其威犹存，嗟乎！可是程教授却吃得津津有味，他的作风有些像水浒里的黑旋风李逵。

学校有一架钢琴，便放在上田村饭厅内，地点在教员宿舍附近。每当晚饭，你会看到一位中小个子的人物，撑着煤油灯来到钢琴那里玩弄好些时间，他便是浙大唯一的钢琴教师王政声。我那时便和他住在一个房间，还有一位陈嘉英文教授，还有一位姓汤的化学教授。他不住那里，有时下来授课，学校给他留了一个床位；化学系系主任周厚复也住在教职员宿舍里，后来他和浙大校花江芷结婚。谈起江芷，当我们初迁建德时，我就在那里遇见她，她也带了一批学生在逃难。

从泰和再向南便是赣州，处于章贡两水之间，是入粤的要道，是赣南重要的商埠，当时蒋经国先生便是那里的督察专员；民国廿七年春假时分，教职员组织赣州游览团，我亦参加了，我们在那里盘桓了几天，游览附近名胜古刹；我们在泰和时，竺校长夫人便在那里病逝，不但是竺校长的个人损失，也是我们全体师生的损失。……

——摘自施昭仁《从建德到宜山——押运图书仪器回忆录》

（《国立浙江大学》，1985 年 6 月）

上田村萧家祠堂旧址（原浙大礼堂，摄于1986年）

上田村遐观楼

1986 年的上田村

1986 年的上田村

【参考阅读】

……我和姚慧英学姐，因为不同系级的关系，在校时并不太熟，可是离校以后，却成了知友。无话不谈，情同手足，对她家中的情形，颇为洞悉。原因是这样的：毕业以后，各奔前程，那时正在抗战中期，我经济不裕，希望能搭一便车去昆明，听说慧英在贵阳，她的夫婿萧庆云先生，当时任西南公路局局长。虽然我和慧英交情不深，但想姑且写一封信去试试，看看她能否帮我这个忙。随即接到她的复信，她非但允我所请，而且还邀我到她家去住几天再动身，真使我喜出望外。于是我就搭上货车，坐在司机旁边，顺利地到达了目的地。后来我去重庆交通大学教书，那是萧先生升任全国公路总局局长，和慧英也在重庆，我和杨霞华学姐便常常到他们的公寓里去过宿畅谈。她在重庆生的两个孩子，我们都抱过。1947 年冬，慧英带了三个年幼子女，又和我一同乘船来美，届时萧先生已先在加拿大了。我因为在国内、国外数十年来于萧府过从甚密，所以对庆云先生的为人处世，有相当深度的认识。现在我把我个人所知道和观察到的几点写在下面：

学历简介：萧先生是江西泰和籍，三岁丧母，十五岁丧父，幼时的教育完全是在乡下私塾受的。后来得到他在上海的叔祖的提拔，遂去沪就学。他到十七岁时才开始学英文，可是经过几年的苦学，便考入清华大学，在 1924 年毕业。接着便得庚子赔款而来美国加省理工学院（California Institute of Technology）读土木工程，毕业后又在哈佛大学得硕士（1926）和卫生工程博士学位（1930）。

经历简介：萧先生在哈佛毕业后，得到 Rockfellow Foundation 的奖学金去欧洲各国考察卫生工程。回国后在上海工务局任科长（浙大曾聘他为工学院院长，他未就），后来在交通部工作，历任江西公路处处长和西南公路局局长等职，最后升任为全国公路总局局长。他出席过联合国多次，是运输交通委员会的中国代表。1947—1969 年间，任采购团的交通部代表，先两年在加拿大，以后都在美国。到 1969 年方退休。

对国家的贡献：抗战期间，萧先生对西南、西北各省人员和民用军用物资的运输，与公路系统的规划建设，有关键性的贡献；胜利以后，成千成万的内地居民，绝大部分均靠他的领导和安排，大家平平安安的归去，连一次车祸都没有。因为酬谢他对于抗战表现的功绩，除中国政府颁给奖状外，美国杜鲁门总统在 1946 年颁给他一枚自由勋章（Medal of Freedom），这是美国政府所颁发的公民最高荣誉奖，不容易得到。据慧英最近告知，这枚勋章，没有带出来，在大陆“文革”时遗失，萧先生总觉可惜。但去年他患肺癌后，他们的幼子锡定欲娱亲心，乃致函白宫要求重颁一枚，居然被他达到目的，非但补发一枚，而且还寄来影印的原来公文。在去年美国国庆日，锡定取出呈与其父，萧先生之惊喜和其子的孝心，可以想见。

喜结良缘：慧英姐与萧先生的妹妹是初中同学，且好友，那时慧英常常去萧家，所以他们早已有长时间的认识了。1941年11月26日在贵阳西南公路处的大礼堂结婚，婚礼以后有“三蝴蝶”的歌舞表演，歌词中因有“快乐逍（萧）遥（姚）”之句，所以他们后来所生的七个孩子，都以快乐含义为乳名（融融、陶陶、怡怡、欣欣、乐乐、悦悦、欢欢）。

对浙大的贡献：抗战时日寇步步紧迫，浙大几度西迁，先迁浙江建德，后又必须迁校，竺校长和胡刚复院长去江西公路处借汽油和车辆。那时萧先生任江西公路处处长，他慨然应允。随即问起有否找到校址，竺校长说正在寻觅中，萧先生便提起他的老家江西泰和上田村有不少房屋，是他祖先留下来的，但年久失修，只要修理一下，可敷浙大之用，并允免费借用，于是就陪竺校长、胡院长赴泰和勘察。竺校长看后甚为满意，所以浙大就在萧博士的老家江西泰和上田村安定了一个时期（慧英姐就在那里毕业的）。在那兵荒马乱之时，浙大却能在那世外桃源的上田村萧府弦歌不断，真得感谢萧先生所赐予的恩典（因为他是慧英的夫婿，所以拙文的标题称他为浙大恩婿）。……

——摘自孙振堃《悼念浙大恩婿萧庆云博士》

（《浙大北美校友会通讯》第15期，1985年）

【参考阅读】

……大学新居的所在地，是一个叫做上田的村庄，二月伊始，留其间者凡逾半载，村舍属于以前的乡里高贵的富家，以参与盐业专卖和药材贸易而发户。依于书香人家的惯例，那儿有一所图书馆和一所书院，为受旧式教育的学生而设。……一部分的建筑被破坏，其中大半，四壁萧然。因之，大学于纳新生命于此等古老建筑中之前，曾大肆修葺与充实了一番。

尽可设想的，这是真个"回到自然"了。学生和教职员都住在农舍，而行径田野，以到"课室"，四周村居生活在变换着，初到时，油菜作花，将四野染遍嫩黄，继之，耕耘田土，秸秆引水，于是种稻插秧，没有两方的飞机在飞越上空，而有道地的牧歌可听。我们每日运动，又在热不可耐的时候，则游泳于赣江。

浙大这时是遇到新的当前问题需要解决，最迫切的，是学生的贫苦问题，他们大都来自浙江和江苏，他们的故乡，是已被敌人所侵占，他们的家人，虽有逃亡在外的，亦无力维持。许多学生在填写个人家庭情况的题目下，写上悲惨的三个字："孤独者"。总计百分之六十以上的学生，不说缴费已不可能，即连生计，亦难为维持。

同时，学校是在参与乡民的危险和困难，注重卫生的设施，以抵抗传染病的危害，和洪水的防范，实为当务之亟。学校所以定居于此者，盖缘于有改进乡村的念头，现在既遇此等问题，自当最好的，是并为一体，以谋解决。

所有大学，皆有此堪为注意于学生经济拮据的大同小异的问题，因此教育部为使学生安心求学起见，特予规定：所有大学皆得贷金于学生，而于战后的两年归还。在此全般形势的动摇中，这种贷金形成的结果，即等于施与。因于此种处置，有使士气黯淡的可能，我们校长乃认定较此种办法为佳的，是同时给予学生以相当工作，藉使他们能自食其力，并有以减少国家的负担。……

——摘自米歇尔（F.Michael）《前进中之浙江大学》

（《国立浙江大学校刊》复刊第 15 期，1939 年 3 月 13 日）

部分教师在上田村图书馆合影（照片上字迹是竺可桢手迹。标示人物自右至左为：陈训慈、王焕镳、祝文白、贺昌群、张其昀、章德勇、马一浮、梅光迪、郭斌和、米歇尔、沈思玙）

1938 年 4 月，浙大师生西迁暂留江西泰和期间，马一浮接受竺可桢的邀请，从开化一路颠簸抵达泰和，在浙大讲学一个学年，讲述他体悟多年的“六艺统摄一切学术”的学说。马一浮在泰和与宜山的演讲后由其弟子记录结集刊印，称之为《泰和会语》和《宜山会语》。

（三）三迁广西宜山

1938年夏，日军占九江，鄱阳湖两岸战事激烈，浙江大学又被迫作第三次大迁徙。

由于战事影响，7月25日起浙大在泰和已无法上课。教育部曾指令浙大“遇必要时可迁贵州安顺”。但竺校长实地勘察，认为自广西宜山至贵州安顺一段，只能靠汽车运输，成千名人员、几千箱图书仪器，要到达安顺，起码要费时半年以上，何况车辆又很难得到。因此，讨论再三，竺校长决定先迁广西宜山（今广西宜州市），届时视形势再定行止。迁校委员会在原则上确定了入桂路线：图书仪器沿赣粤间水路入桂，为的是比较安全和节省运费；师生则循赣湘公路、湘桂铁路西行去宜山，这样安排在时间上比较经济。迁校委员会还议决，给予师生发放路费津贴。由于路远，学校在赣州、大庚、南雄、曲江、茶陵、衡阳、桂林设立运输站。对于人员分组、出发日期、图书仪器运输、车船调度、房屋准备以及医疗保健等，事先都做了详细的规划，并明确分工，切实执行，做到紧迫中不忙乱，患难中同舟共济。

浙大在江西泰和只住了半年多，又要搬迁了。1938年8月13日，首批教职员先遣队出发；8月19日，首批图书仪器装船起运；8月30日，第一批教职员启程；9月15日，首批女生出发。以后，三辆校车分批轮流运送师生，西至茶陵，南达赣州，自此至后的路程，师生们都自行前去。9月17日，竺可桢带竺梅、竺安和竺宁至松山张侠魂墓前告别，次日，全家离泰和西去。19日和20日两天，他在途中早上都醒得很早，忆及不久前还和张侠魂同走此路到长沙，现在只剩一人。又想到自1920年结婚以来与张侠魂同甘共苦的深情，不复能眠，步陆游《沈园》忆亡妻唐婉诗原韵吟成两首悼念诗：“生别可哀死更哀，何堪凤去只留台；西风萧瑟湘江渡，昔日双飞今独来。”“结发相从二十年，澄江话别意缠绵；岂知一病竟难起，客舍梦回又泫然。”9月8日，首批教职员到达广西宜山。20日后，首批女生也抵达。直到10月底，所有教职员和师生，除押运图书仪器等物资尚在途中的以外，全部安抵宜山。学校于11月1日开学上课。

浙大教师赴广西途中经过桂林灵川龙岩洞（竺可桢摄于 1938 年 9 月 23 日，图中戴礼帽者左起为：胡刚复、束星北、卢守耕）

迁校委员会

主席：竺可桢

委员：吴馥初（钟伟）

蔡作屏（堡）△

梁庆椿 △

张晓峰（其昀）☆

夏济宇 ☆

储润科 ☆

沈鲁珍（思玙）○

（△负责指导教职工组，☆负责指导学生组，○负责人员运送、图仪运输、舟车调度、房屋准备等）

迁校委员会决议

教职员工分三种办法：

（1）月薪五十元及五十元以下有眷属者，津贴旅费四十元；

（2）月薪三十元及三十元以下未有眷属同行者，津贴旅费二十元；

（3）学生每人发二十元路费津贴。

另外，押运图仪者，除免路费外，每日津贴膳宿费一元五角；休学生和毕业生与在校学生享受同等待遇。

为节省师生旅费，学校事后与广西方面商定，船车专用，价格略有减折。

当时有20名学生，为了锻炼，且能在沿途采访和宣传抗日，自动组织了步行团。竺校长对此表示支持，并赠送了地图和指南针。这个步行团以鲁迅的名著《呐喊》命名，称为“呐喊步行团”。同学们分成两队，取道茶陵、攸县、衡山、南岳，而达衡阳。途中所经之处，他们除了采访收集各地民风、习俗，还时常登台演出，宣传抗日。至10月底，步行团的同学们才安抵宜山。

浙江大学“呐喊步行团”学生名单

学号	姓名	性别	入学年岁	籍贯	学院	系	年级
26270	陶光业	男	21	河北宛平	工学院	机械工程	二年级
26211	吴恕三	男	18	浙江嘉善	工学院	机械工程	二年级
26236	潘传烈	男	20	江西九江	工学院	化学工程	二年级
26222	庄自强	男	21	江苏武进	工学院	化学工程	二年级
27361	郑芝书	男	21	浙江杭州	工学院	机械工程	二年级
25067	钱大业	男	19	浙江嘉兴	文理学院	数学系	三年级
26187	沈崇焕	男	19	江苏江宁	工学院	电机工程	二年级
26315	蒋鸿宾	男	20	湖北汉口	工学院	机械工程	二年级
27213	钱汝泰	男	22	江苏无锡	工学院	电机工程	二年级
26290	孙祺荃	男	21	吉林永吉	工学院	土木工程	二年级
1100	庞曾淮	男	18	江苏吴江	工学院	土木工程	四年级
1103	王义道	男	19	浙江慈溪	工学院	土木工程	四年级
27601	李象伟	男	23	浙江鄞县	师范学院	教育系	一年级
26132	余建彬	男	21	广东惠来	文理学院	化学系	三年级
25244	汤　翊	男	21	江苏崇明	工学院	机械工程	三年级
25242	沈文宝	男	20	江苏江阴	工学院	机械工程	三年级
26329	孙文彬	男	20	江苏无锡	工学院	机械工程	二年级
25241	陆以楚	男	21	江苏太仓	工学院	机械工程	三年级
25165	徐　龙	男	20	江苏宜兴	工学院	化学工程	三年级

呐喊步行团部分同学像

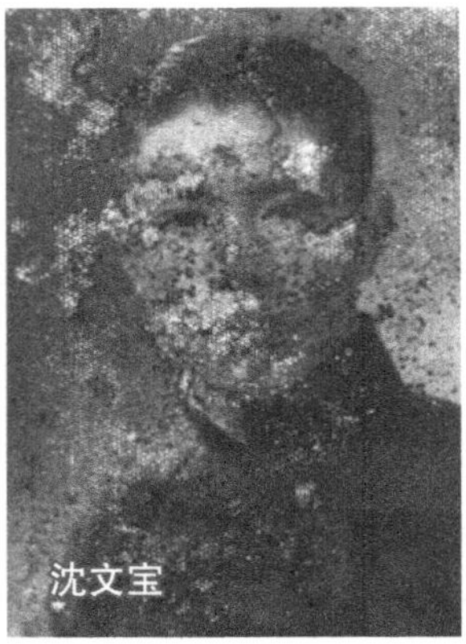

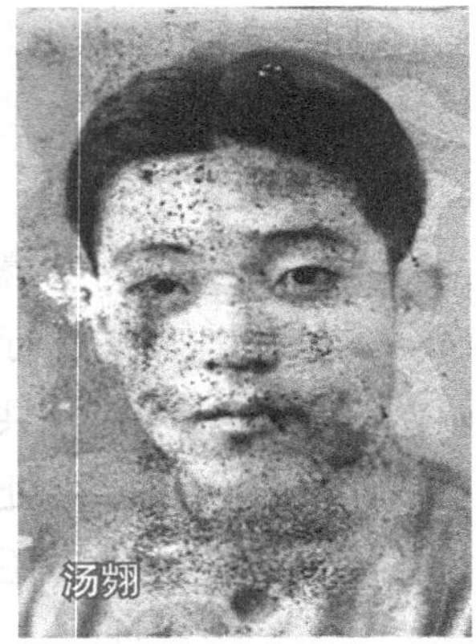

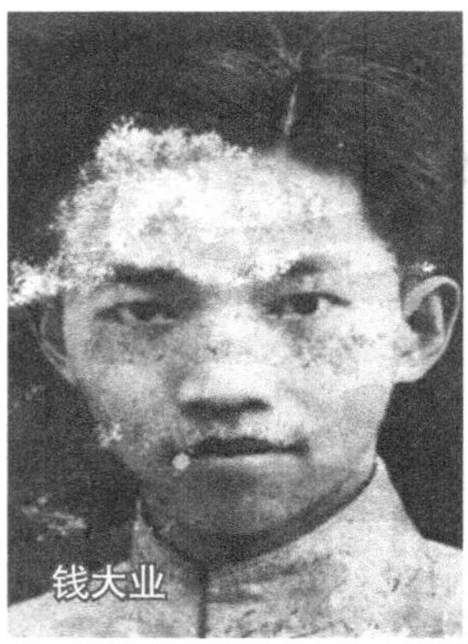

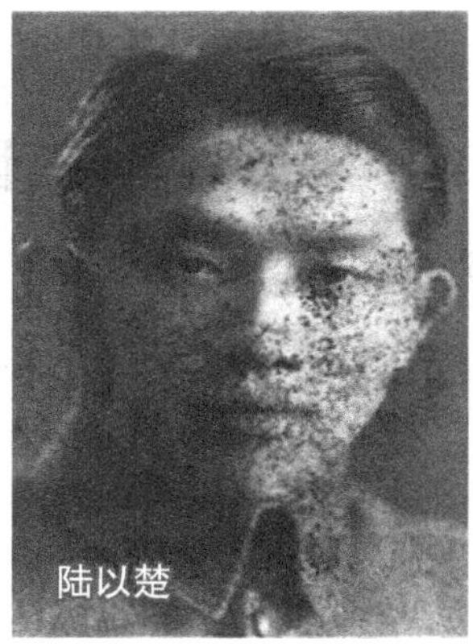

竺可桢赠送给呐喊步行团学生的地图和指南针

呐喊步行团于1938年9月19日出发，沿途访问各县商会以及孙伏园、日本友人鹿地亘的夫人等，还登台演出，宣传抗日。学生们翻山越岭，风餐露宿，步行千里，历时 40 余日到达广西宜山，对赣西北、湘西、桂北的民俗和人民的疾苦有了深切的体验。这是 20 世纪 30 年代末大学生将课堂教育与社会实践相结合的一种探索。

为了图书仪器及部分行李的安全运输，学校指派职员和 19 名学生负责押运。船只沿赣江逆流而上，由于上游水浅，行驶了两个月，才到达广东曲江。10 月 23 日，广州突告陷落，浙大这批图书仪器 26 吨和行李 300 件，往什么地方运，成了问题。当时学校已有电嘱走衡阳，沿湘江入桂，但押运的学生为急于将物资运到学校，走衡阳要退回一段路程，于是决定仍走三水，然后沿西江入桂。10 月 25 日，三水已是一片混乱，日寇军舰骚扰，枪声四起，并有黑衣人向船只窜来。晨雾之中，押运的学生不知道这类黑衣人是何等人物，有的以为是敌人来了，即有两个学生跳入江中游往他处。此时敌机轰鸣，其他学生为避空袭，即要船靠岸，给了船户 15 元托其照看船上物资后弃船而走。从此，船只失去掌握。幸好恰有浙大职员赶到寻觅，并迅速联系将浙大所有船只系在我国兵舰尾部，上驶到肇庆，才得以脱险。其情形之紧急，可见一斑。后同学们在梧州相会，跳水的两名学生，经过许多时日方得到达宜山。这一批图书仪器，自肇庆运到象县时因船触礁，只得再全数搬上岸，改由汽车运往柳州，再由货船五艘转运至宜山，实是颠沛。

广西桂林寰湖酒店（浙大迁宜山途中，接待服务浙大师生的总站设立于此）

西迁途中，竺可桢校长与丁绪宝、胡刚复教授合影于桂林中学物理实验室

一般说来，竺可桢校长是位严于律己、宽以待人的长者，很少疾言厉色地斥责别人的，但听说押运学生弃船而走的报告后非常气愤。1938 年 11 月 14 日在宜山举行的一次纪念周集会上，他严肃批评了这些学生，他说："事先已知三水危急而贸然前往，是为不智；临危急而又各鸟兽散，是为不勇；眼见同学落水而不视其至安全地点各自分跑，无恻隐之心，是为不仁。此 19 人乃你们所公推，是全体学生之大辱，亦是全校职工之奇耻。你们得常自省问，若是再逢这种机会，是否见危授命，能不逃避而身当其冲？"竺可桢一生言行一致，没有私心，一心为公，碰到困难都尽力克服。但这些学生未能临危授命、处惊不乱，而只顾自己逃命，他认为这是重大原则问题，所以有上述严厉批评。

另有学生行李 434 件，于 10 月 20 日自韶关（曲江）南下，因战事滞留在三水西北的四会，进退维谷，直到第二年春天才设法取回。其他集结在韶关、大庾两地的图书仪器也欲进不能，押运人员只得将在韶关的图书仪器水运至乐昌坪石，改由粤汉铁路运至衡阳；而在大庾的图书仪器，则原船运回泰和，寄放樟树，后改由浙赣、粤汉两铁路转运至衡阳。直到 12 月 12 日，这两批图书仪器及行李 2000 余件，才由衡阳启运，由湘桂铁路抵桂林，再改由水路于 1939 年 1 月 12 日运到阳朔，经

宜山一景

多方联系，借得西南运输处卡车四辆，加上浙大自己的校车，才由阳朔运到柳州，再由龙江水运至宜山。

浙大这段西迁历程，人员众多，家属中有老有小，图书仪器行李有200多吨，计2000多箱，由于师生员工的紧密团结、互相关心，共同分担任务，不论是教授还是职工、学生，同样打前站，当押运，任留守，做到有始有终，克服了许多难以预料的困难和周折，胜利完成了搬迁任务。在迁校中，大部分仪器都无损坏、散失，物理系甚至连玻璃仪器以至米尺都没有损坏或丢失一件。

浙江大学在1938年10月迁到宜山后，以原工读学校为总办公室，以文庙、湖广会馆为礼堂、教室，并在东门外标营搭盖草屋为临时教室和学生宿舍。教师们分散居住在城内各处，竺校长也租住于一居民的房屋。

宜山北门码头（从水路迁至宜山的浙大师生曾在此登岸）

宜山标营，时为浙江大学办学地址

标营，标是清代军队编制的名称，相当于一个团。宜山县城东门外，因曾驻扎清代一个团的军队，被称为标营。浙江大学到来时，标营还驻扎广西部队的一个团，当时广西省政府命令该团迅速从标营搬出，将营区所有房屋让给浙大。实际上当时标营已经破败，仅剩一座凹字形的营房。营房前面有操场，约有50多亩，可容3000人操练。除此之外，四周荒草萋萋，杂木丛生，别无他物。

1938 年的宜山城区

宜山剧场

位于宜山庆远镇中东路的四牌楼

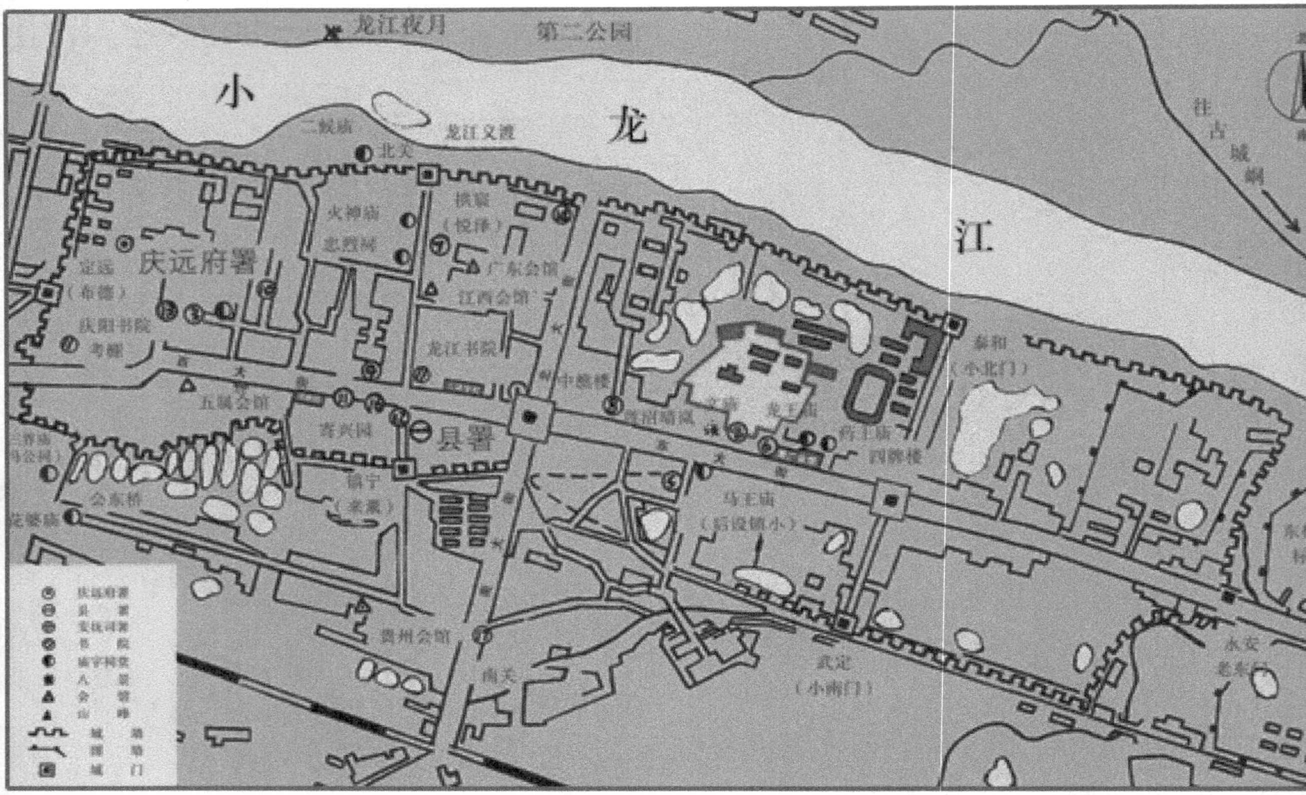

浙江大学宜山办学分布示意图

宜山湖广会馆旧址

湖广会馆旧碑

湖广会馆残梁

宜山文庙旧址

宜山文庙，位于宜山东门城外，占地约10亩，明代修建，历代增修，规模雄伟，有大成殿、明伦堂及后厅等。

浙江大学师生到达宜山之后，由于缺医少药，遇到的一个重要困难就是疟疾的威胁。竺可桢校长在日记中做了记载：“日来校中患恶性疟疾者日多，昨下午四点张荩谋之侄女病殁，学生中患此病者已有十余人，女生庞曾漱几于不起。同事中张孟闻近亦发热，家族中则有卢亦秋一子、一侄，俞锡荣，孙沩，刚复之侄媳。……特效药为扑疟母星或阿的平。校中所带之药均已用罄，连同事中所挈带来者亦借用无余，而柳州、桂林均不备此药，或备而不多，故一方电毛掌秋在上海购办，一方派钱英男赴杭州或广州购办。”“自浙大迁桂，10、11两个月中患疟者已达146(人)，其中恶性者占77%。12月、1月新染者尚接踵而起，合共不下200起，每一家中几乎必有疟病之人，其严重性可知。而云南孟定之疟更为猖獗……云南思茅之人口因疟而减少至三分之一……”“浙大学生自来此后患疟者已达三分之一，其数可惊人。寓中宁宁、波若与阿秀三人均曾患此症。午后三点半江西一年级学生熊大鸾忽患急症逝世。……学生等群居一处，一症若蔓延则吾辈无噍类矣。”

庆远中学，时为浙大女生住处

由北山俯瞰庆远中学（绘制于1947年10月）

1986年的庆远中学

1938年9月28日，一批浙大女生抵达宜山，入住当时的省立庆远中学。

宜山虽位处西南，也常遭日本侵略军飞机的空袭。自从广州失陷，广西的桂林、柳州和贵州的贵阳常受轰炸，宜山也整日在警报声中。日寇对军事目标以外的建筑的残酷破坏，愈来愈疯狂，而摧残文化事业，以学校与其他文化机关为目标的轰炸，也愈演愈烈。浙大是重要的文化教育单位，也是敌机轰炸的目标。1939 年 2 月 5 日，日寇以浙大为目标，进行猛烈的轰炸。敌机 18 架，先炸西门汽车站一带，而后，敌机在标营一地竟投燃烧弹、爆烈弹达 118 枚之多，炸毁浙大标营东宿舍 8 间、大礼堂 1 幢、新教室 3 幢计 14 间，其余如导师办公室、体育室、事务课办公室、阅报室、厨房、储藏室、饭厅及杂室等亦被毁或不能住人。浙大迁校时带去唯一的一架钢琴也被毁。宜山城内工学院院长李寿恒、文理学院院长胡刚复、校长办公室秘书诸葛麒的住屋均被炸塌一角，幸人员无恙。因学校平时防空教育得法，师生家属中仅有两名学生、一名校工轻伤。但二年级全体学生除随身衣服外，已一无所有，损失巨大。

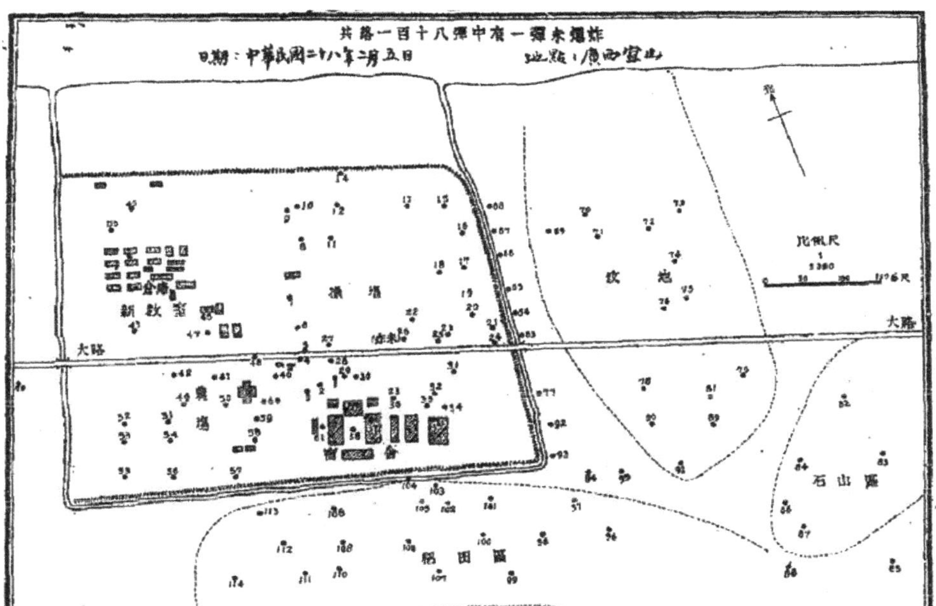

浙江大学校舍附近落弹图（浙大标营校舍被炸后，农学院同学寿宇，用竹签子编号，到每一个弹坑插一支竹签，一共统计有 118 个弹坑）

浙大宜山标营校舍被炸后情景

标营男生宿舍被炸后情景

浙大宜山标营校舍被炸后情景

宜山乐群社被炸后情景

教职工和未受损失的同学于当晚迅速征集被服供受炸同学使用，除少量为借用外，其余都属赠送。学校并拨款2000元救助同学，校务会议经征得同意后，决定以教职员月薪十分之一作为捐助，分配给受炸同学（月薪50元以下者自由捐献）。

自“二・五”轰炸后，敌机的干扰不断，尤其是秋天，桂南形势紧张，“九・一五”宜山又遭轰炸，一时人心惶惶。10月13日，学校议决，“北山挂一灯，教职员照常办公，挂两灯，则有心脏病或家有病人或其他特殊原因可离去。至警报打响，始停止办公”。如若敌机一入境，挂一灯后就纷纷离去，既扰乱人心又影响工作。

同学们在标营清理被炸宿舍

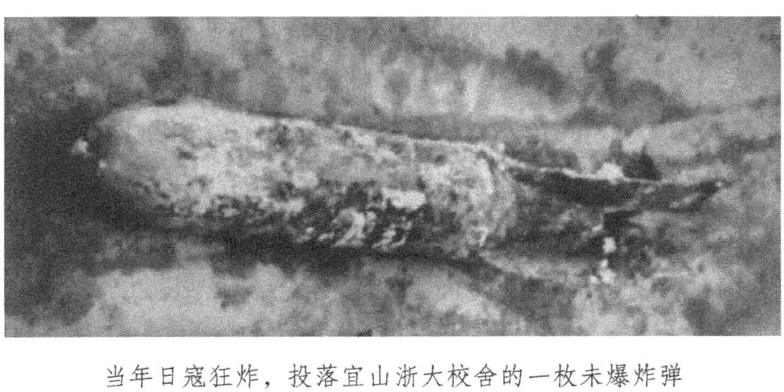

当年日寇狂炸，投落宜山浙大校舍的一枚未爆炸弹

庆远中学内浙大女生洗漱间

浙大师生在宜山的生活是很艰苦的。除疟疾和空袭的威胁外，吃、穿、住、行都非常困难，学生的功课也比较重。但是，师生们皆以苦为乐，情绪高昂，勤奋教学，抗日宣传活动也很活跃。

有一位浙大的校友回忆当年的情景，曾这样写道："1939 年的元旦，在学校的大草棚里的汽油灯底下举行迎新晚会，仪式很简单，然而情绪都非常欢畅热烈。因为没有那么多的凳子，大家都围着站。一位教授开场就说：这个节日，我们没有什么礼物送给大家，只有几顶大草帽送给你们。他边说边指着头顶上的茅草屋顶，引得大家都欢笑起来，师生的感情一开始就非常融洽。那时候学校除了借用县城里的文庙以外，就是用竹子搭的一些大草棚。""开初，我们的'教室'只是在草棚里挂上块黑板，同学们都是站着听课，肩膀上用鸡肠带斜挂上一块木板记笔记。学生寝室也是大草棚，夜间自修没有课桌，我们常常站在板凳上，在双层床的上层床板上，就着一盏小小的油灯做习题。""一双袜子穿了，一补再补，补到无处可补的时候，干脆把袜底剪掉，换双布底，这样又可混些时候。不太会针线的，她们也有个办法，把破袜子向前一拉，再反折过来，这样就不会'前吃后空'了。但袜子会越穿越短，短到连小腿都遮不了的时候，那就丢掉。当时不但女同学会拿针线，有些男同学也会，无啥稀奇。"

"吃的方面，……饭，好象是够吃的，只是菜，少得可怜，不够分配。食量大点的同学，到最后只有吃白饭。女同学吃东西比较斯文，大家客客气气，普遍都心照不宣，实行'蜻蜓点水'和'逢六进一'制，菜勉强可以应付。所谓'蜻蜓点水'就是夹菜时，不能大块大块的夹，要像蜻蜓点水那样点到即是，譬如吃豆腐乳，只能用筷头粘一点点即可。所谓'逢六进一'，就是吃六口饭才进一口菜，六口饭分两次下咽，一长五短之后，才能吃菜。"学生每月的膳费只有 7 元钱，在生活费昂贵的情况下，学生生活之艰苦，可想而知。

学生们生活如此，教授们的生活也相差不远。以生物系教授贝时璋先生为例，一家四口住在宜山白崖乡，泥墙草屋，晚间一盏油灯，几根灯草。贝教授要灯光备课，夫人要借光纳鞋，孩子们又要在灯下做功课。“苏步青、陈建功诸人须自行黄水洗面。小职员以薪水过少，生活程度高，遂致不能有积蓄之。”“驾吾（中文系教授）之夫人，病入膏肓，无回生之希望。王等所住系草顶泥墙，木门泥地，尚高敞，马一浮以二百元购得者，有地一亩，但附近蝇蚊甚多，且无饮水，非住家良地也。”如此等等，教授们的生活也是极其艰苦。

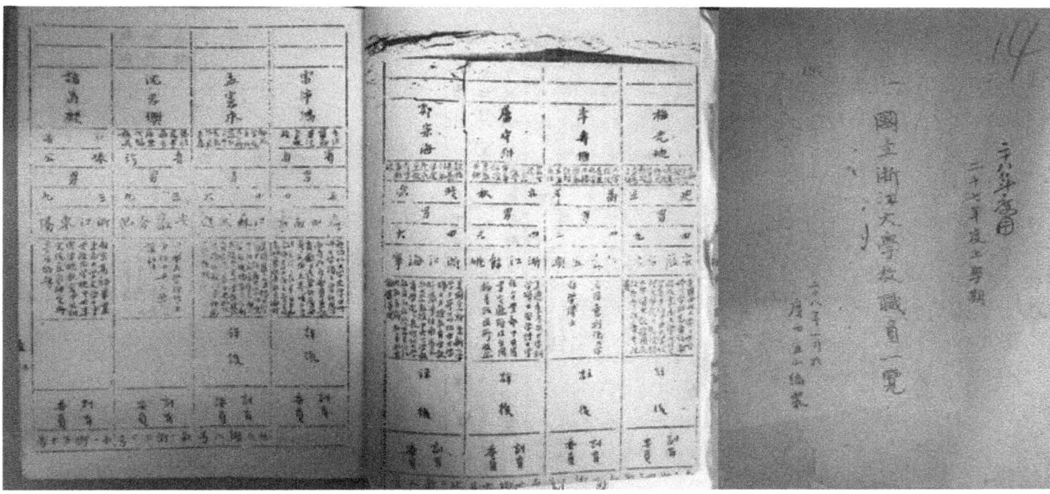
國立浙江大學教職員一覽

二十七年度上學期

国立浙江大学教职员一览（1939 年 1 月于广西宜山编制）

师生们的生活虽苦，教学活动却是照常进行。各年级的课时安排，都按原定计划完成。据统计，当时各学期的实际上课日数，超过了教育部的规定要求。各项实验也绝不放松。同时，由于宜山的地质、气候、风物、人情、经济、疾病都具有特殊性，浙大各系师生，如史地、化学、教育、园艺、农经等系都在和自己有关的学科方面，结合实际加以科学探讨与研究。各系的学术讨论会经常每周举行一两次，每个系的教师和高年级学生都必须出席，各人轮流作报告。由于敌机经常来轰炸，报告一般安排在晚上举行，各位教授，包括系主任、校长，经常被邀请来做学术报告。竺校长每学期至少被邀请两次以上。这些研究和探讨成果均陆续以文字或实际成果表现出来，贡献给地方和国家。如养蚕的示范，工程的经营，都带动了地方各方面新的发展。

贝时璋教授一家在宜山白崖乡（摄于1938年）

梅光迪全家合影

（从左到右：梅仪昭、梅光迪、梅仪慈、李今英、梅仪芝）

留别宜山纪念（摄于1940年1月，前左三为王国松）

1938年，郑晓沧先生全家合影于广西宜山

师生们生活虽苦，但爱国的宣传活动却十分活跃。师生们数次举行义卖活动，把义卖所得，捐献抗日。对此竺校长都是热情的支持，竺校长将夫人所藏的汕头绣花台布、闽漆花瓶一对、网球、日记本、寒暑表等 12 件物品义卖。

浙大学生排演《自由魂》等戏剧，以义演所得，作为抗日宣传活动之用。学生们还组织战地服务团，到宾阳、武鸣至南丹前线，设站救护伤员，并沿途宣传、歌咏。浙大师生经受了“光荣的洗礼”，抗日热情更加高涨。

在 1938 年至 1939 年两年动荡岁月里，浙大的规模还稍有发展。1938 年 8 月，经教育部批准，浙大增设师范学院，设教育、国文、史地、英语、数学、理化 6 学系。1939 年夏，文理学院一分为二，成为文学院和理学院；农学院农艺系的农业化学组成为农业化学系；文学院增设中国文学系。至此，浙大已有文、理、工、农、师范 5 学院。在此期间，竺可桢先后邀请了马一浮、柳诒徵、佘坤珊、郦承铨、陈立、王师羲、侯家煦、丰子恺、蔡邦华、吴耕民、张肇骞、蒋芸生等到浙大任教或讲学。1939 年秋，学校人事也作了较大变动：原教务长郑晓沧请病假留在浙东，改请张绍忠继任；梅光迪为文学院院长；胡刚复为理学院院长；王琎为师范学院院长；原工学院院长李寿恒辞职，由李熙谋继任；原农学院院长卢守耕辞职，由蔡邦华继任；陈训慈任龙泉分校主任等。

在迁离宜山之前，浙江大学特在文庙“宜山县城池图”碑旁，立一“国立浙江大学宜山学舍记”石碑，由竺校长亲自撰写碑文，以留作永久的纪念。

【参考阅读】

……我们在泰和的暑假，方才开始，敌人已溯江而上，谋犯武汉。本校鉴于建德迁赣之匆促，与今后筹计之从容，七月一日，由校长、胡院长赴湘桂各地视察。七月杪，九江沦陷敌手，敌分兵循南浔路窥南昌，校长以家事自广西遄归，校中同仁乃议决从容早迁，并及早呈准教育部，当利用暑期行事。八月上半月，派员探访入桂路线，在原则上订为图书仪器遵赣粤间水道入桂，以其比较安全；师生则循赣湘公路湘桂铁路西行，以其时间比较经济。八月十七日，复派员入桂筹备临时校舍。先是教育部有“遇必要时可迁贵州安顺”之命，但到安顺比到宜山要多三分之一的路程，且宜山、安顺间全恃汽车，图仪凡数千箱，预计运到须费时半年以上，且根本车辆难得，于是筹计再四，乃决定先迁宜山为一段落，俟后再看情势以定行止。同时关于安顺，仍依教部意旨，请胡院长前往视察，并和该省当局商洽一番。

迁校期间的最高机关为迁校委员会，委员七人，为：吴馥初（钟伟）、蔡作屏（堡）、梁庆椿、张晓峰（其昀）、夏济宇、储润科、沈鲁珍（思玙）七先生，先后于八月九日、九月五日两度会议有关迁徙事宜，比以路遥费重，对于学生和普通职员之待遇较薄者，以此负担太重，乃议定学生每人津贴旅费二十元，教职员则分下列三种办法：（一）月薪五十元及五十元以下有眷属者，津贴旅费四十元；（二）薪俸三十元及三十元以下未有眷属同行者，津贴旅费二十元；（三）押运图仪者除免路费外，每日津贴膳宿费一元五角。更分师生为教职员组与学生组，前者由蔡作屏、梁庆椿两先生，后者由张晓峰、储润科、夏济宇三先生分别负责指导。至于办理迁移事项，如人员运送，图仪运输，舟车调度，房屋准备，以及设站招待等等，皆仍由沈思玙先生及总务处人员负责。

阳朔渡头

八月二十日，第一批教职员出发，九月十五日，第一批女生出发，以后即尽三辆校车，分批轮流运送，休学生和毕业生皆受与在校学生同等待遇。校车免费运送，限于西至茶陵，南达赣州（南行绕粤入桂者只有少数的教职员）。过此以往，皆为自费，遵水陆两道分别入桂，另由本校在经过重要据点设立办事处，为之招待食宿，接洽舟车。并以时当夏季，除衡阳、桂林及柳州有公私医院外、又请校医于茶陵及耒阳各驻一人，以备必要之诊疗。为撙节师生旅费计，对于公私车辆船只，皆事先商妥，船车专用，价格略有减折。最先一批教职员于九月八日抵宜山，第一批学生（女生）则于同月二十八日抵宜；十且八日，最后一批学生，方自泰和出发，教师与职员则有十三日至二十日离赣者，约至十月向尽，所有教职员学生，全部安抵宜山。而为处理泰和续运图仪及未了事务，则仍留少数员工照料。

学生方面，为锻炼体质，沿途采访计，另有步行团之组织，计分两队，共有陶光业、吴恕三、潘传烈、庄自强、郑芝书、沈崇焕、蒋鸿宾、钱汝泰、孙祺荃、庞曾淮、王义道、李象伟、余建彬、汤翊、沈文宝、孙文彬、钱大业、陆以楚、徐龙等二十人。以九月十九日出发，校长当赠以地图表格等件，以示鼓励。陶君等一行取道茶陵、攸县、衡山、南岳，而达衡阳，途中先后访问各县商会，以及孙伏园、鹿地亘夫人，参加各地欢送征兵宣传大会，及与其他剧团开座谈会。双十节纪念日，更于荡浦参加庆祝大会，登台表演。嗣后沿途工作，桂人观感一新，至十月杪安抵宜山。经行千里，费时四十余日；不仅为本身更深广的体验，亦且对校中同仁振发一番新的精神。

浙大去杭，图仪完璧，携以入赣；兹行为安全计，所以取道粤省，以水运虽缓，但较其他运输工具为稳妥（如不易为敌机袭击的目标），而水脚所费又较低廉。徒以其时水量不足。同时有其他三数机关，亦遵斯途内迁，以致一时船只求过于供，迁延时日。逮十月二十三日，广州突告陷落，适有本校首批图仪二十六吨与行李三百余件，于前二日方抵三水江上，广州告陷，敌艇四扰，押运人员胡凤初先生等，幸以敏捷办法，于二十六日尾系他轮上驶肇庆，幸免于难。外间谣传浙大图仪被弃，实为传闻失实，然亦足见其情形紧急之一斑。惟学生行李四三四件，以二十二日自韶南下，滞于四会，进退维谷，直至今春方始设法取回，仍获保全。

此时粤北震动，舟车阻滞，而浙大图仪一时结集韶关与大庾两地，欲进不能，遂议将韶关图仪水运乐昌坪石，改装粤汉铁路至衡阳；而在大庾图仪则原舟驶回泰和，继放樟树，改由浙赣、粤汉两路运衡。两方图书仪器及行李凡二千件，终于十二月十二日前，到达衡阳。复于年终装湘桂车运抵桂林，改由水道于一月十二日悉数运抵阳朔，因为其时桂林不断被炸，而阳朔多山，不致有被空袭的危险。阳朔、柳州一段，只有公路可通，乃蒙蒋委员长于军书旁午之中，俯念本校困难与大学设备之重要，饬军委会西南运输处拨卡车四辆，以利运输。所有存阳朔的图仪，皆得先后运至柳州，转由龙江运宜山校中应用。……

广西桂林阳朔蓝田渡

——摘自李絜非《浙江大学西迁纪实》（1939 年 6 月）

【参考阅读】

衡山

……考毕往泰和，泰和是赣江边上一小县，盛产米谷。浙大校址在郊外，都利用公有建筑，大一宿舍和教室都在大原书院，是一批庙宇式的高大房屋，听说明时大儒王阳明曾讲学于此。此外，利用孔殿、祠堂等作办公室、图书馆和其他年级的宿舍和教室，总算勉强敷用。我们的校舍既不集中，又不醒目，故相安无事。上课一学期，南昌又受敌军威胁，学校当局决定再度西迁广西宜山。这次迁校，恰逢暑假，教授、同学分批自动前往，有经萍株铁路到湖南衡阳，游览衡山胜景后，经粤汉、湘桂两铁路南下桂林的；也有从吉安搭公路车到湖南零陵，再改乘火车沿湘桂铁路往桂林的。我坐船溯赣江而上经赣州大庾，翻过高山梅岭关，到广东南雄，再顺北江而下到三水，转入西江到广西苍梧，然后换乘小汽轮循柳江到柳州，再换公路车到宜山。这真是一次暑假大旅行。我看到了曲江的雄险，和高要、苍梧的繁荣，山光水色的欣赏，更不在话下。……

——摘自蔡致谟《随校西迁记》

（《国立浙江大学校友通讯》新第3期，1958年2月28日）

【参考阅读】

……宜山市面虽不甚繁荣，然因城郊富庶，环境幽静，亦颇令人怀念。我在《浙大校友通讯》第九期，曾撰《遥念宜山》，对宜山附郭，略有描述，特录二段如后：

宜山即庆远郡城，在小龙江南，小龙江由西而东，经怀远镇东过宜山，北面凭山，沿岸因江流侵蚀，透石空穴，到处皆是。龙江沿北岸山麓东流，江内小滩颇多，水至滩处，湍汹而过，民船逆流而上，颇感困难，滩旁常有小潭，深度难测。至罗木渡，水流稍缓，两岸森石嶙峋，江北石峰耸立者为北山。中为会仙山，东为青鸟山，西为宜山，再西为天门拜相山，即冯京祖墓所在，由此一直向北可达天河县。二十八年春夏间，宜山空袭警报频仍，母校师长同学，常渡江避难，兼作山游。沿途青山翠谷，杂花遍山野，岩隙竹树丛生，野鸟飞鸣，葱郁玲珑，颇饶古趣。山中常空寂无人，异常幽静，登山极目远望，峰峦重重，不可胜数，高低起伏，出没于云烟之表，气势之雄伟，令人叹绝。

小龙江南，即宜山县城所在。城南五里许，有山脉一道，是为南山，东曰屏山，西曰九龙山。南山以北，小龙江以南，绕宜山东南西三面，乃一片富庶之平原，气候温和，民情刚劲，可谓人杰地灵。此地东连苍梧，西通贵筑，水陆交通，异常方便。昔日宜山情景，每一思及，历历在目；今则翘首云天，西望岭南，荆榛零乱，荒烟漫绕，不知已成何种世界？唯有遥祝故城无恙，以表怀念之情。……

——摘自张效乾《由宜山到遵义》
（《浙大史地系成立二十五周年纪念集》）

宜山民居

【参考阅读】

……大可：我们在宜山工作能顺利开展的关键是全国的形势和宜山的特点。从全国谈起，再来认识宜山。抗战一开始，国共合作的形势是好的。南京失守后国民党政府迁重庆——称为陪都。江浙许多机构、学校也纷纷内迁。武汉是个重镇，是溯江而上的必经之路。共产党在此设办事处，周恩来、叶剑英都在武汉。郭沫若任军委第三厅厅长，同许多文化人，救国会七君子等都一起在武汉。长沙十八集团军办事处主任是徐特立。武汉、长沙、南昌等大城市成立了各种救亡团体。伤兵医院、难民收容所、战时儿童保育院等都是救亡团体的服务对象。满街唱着“牺牲已到最后关头”和“大刀向鬼子们的头上砍去”等歌曲。气氛十分热烈。相当多的国民党军政要员及其眷属拥挤在这个重镇的市郊各处高楼、林园、要地，似有与敌人作殊死一战的决心。1938 年春，台儿庄大捷，战地记者范长江发表了许多鼓舞人心的报导。救亡团体中讨论抗战形势，学习共产党出版的书报杂志是公开而又很普遍的。书店里共产党的小册子和报刊任市民、学生阅读。我那时无心读书，在长沙参加了基督教青年会全国协会办的军人服务部，领导人是刘良模，他是与邹韬奋等人一起的救国会骨干分子。刘知道我是个大学生，告诉我说牌子是青年会，做的是救亡工作。于是，我跟着他干，为伤兵医院办俱乐部，时常能听到左派名人的讲演，还和他一起当译员随史沫特莱去医院慰劳。看书和听左派名人的讲演使我长进不小。但是好景不长。1938 年秋，国军不抵抗而节节败退，保卫大武汉是空话，许多人跑往重庆，有些人不便去，便经长沙去桂林、广州、香港。11 月长沙大火，形势每况愈下。浙大在形势最紧的时刻，比较从容地从江西泰和迁到宜山安定下来。广西地瘠民贫，壮族居多，生产落后，基本没有工业。宜山没有电灯。山多地少 ，Karst 岩山、溶洞很多。地方经济很大一部分靠云南、贵州两省鸦片过境征收烟税来维持。广西桂币与中央币之比是二比一。桂系头头李宗仁、白崇禧、黄绍竑与蒋介石不是一条心，他们与广东、云贵军阀也不是一条心。他们对抗战的态度比国民党积极些，因此对左翼文化人到桂林等地尚宽容优待。生活书店、新知书店等在桂林早有分店。浙大初到宜山借用文庙作教室，只见大殿和各个房里堆满了竹扦，这种竹扦长两尺多，两头削尖，当地人说那是长官要每家每户做的战备物资，敌人来犯时用作阻止敌军前进的障碍物。所谓敌军是指云南人、广东人、贵州人和中央军。1939 年冬，浙大学生战地服务团走近昆仑关时，看见关上有炮台，炮口是向北的，这些炮是防贵州军的，目的为确保关南城市如南宁等地的安全。

李、白、黄为确保自己的地方势力，积极组织、发动民众，注意民众教育，所以我们办民众教育是符合他们的需要的。宜山居民家中都有李、白、黄三人的头像。居民称此三人为“老总”，是很崇拜他们的。一般来说，宜山比贵州遵义街道清洁些，人民有精神些。壮族不抽鸦片。中小学生都穿灰布制服。城里有小学三所，中学一所。我们借用庆远中学做临时宿舍，天不亮就听到学生集合、上操、唱歌声。“起来，同胞们，起来和鬼子们拼”，“只有战，只有拼，才能死里求生”，街上老百姓也唱这支广西人的抗日歌曲。民众经常要开会，保甲长很有权威。他们办的民众学校和识字班质量是不高的。

浙大来到宜山，由于全国形势和广西的特点，加上一些参加过抗日工作的同学返校复学，把外面抗日救亡的气氛与做法带进学校来，又得到地方上的欢迎，因此以周存国为中心的秘密小组才可能渐渐形成。几个人谈论几小时是普通的事，当地政府根本不来管。开个小会、个别接触是较自然的。校内尚未成立三青团，有些反动小喽啰，活动是隐蔽的，而且邪不压正。我们通过黑白、黎明推动学生会的工作路线和组织的活动大多是顺利的。……

——摘自钱克仁《忆往谈故录——大可长虹通信选辑》

（《校史一叶——纪念何友谅烈士暨浙大黑白文艺社文集》，1995 年 12 月）

竺可桢校长当年在宜山的住处

【参考阅读】

国立浙江大学宜山学舍记

将欲抗顽虏、复失壤、兴旧邦，其必由学乎？丁丑之秋，倭大入寇，北自冀察，南抵闽粤，十余省之地，三年之间，莫不被其毒。惟吾将士暴露于野者气益勇，民庶流离于道者志益坚。其学校师生义不污贼，则走西南数千里外，边徼之地，讲诵不辍。上下兢兢，以必胜自矢。噫，此岂非公私义利之辨，夷夏内外之防，载在圣贤之籍，讲于师儒之口，而入于人人之心者，涵煦深厚，一遇事变，遂大作于外欤？当军兴之四月，国立浙江大学以杭县且危，尽其所有以迁建德；逾二月，桐庐告急，徙泰和；二十七年七月，虏犯九江，复之宜山而校焉。宜山之为县，当黔桂之孔道，其长吏若民，多通材达识，喜多士之至也，划县中之文庙，东郊之标营，暨工读学校以与焉。乃鸠工庀材，修其蔽坏，涤其黝污，取蔽风雨，务绝华靡，故工不劳而集，费不侈而完。又择隙地，结茅架竹，为屋数十椽以益之。凡讲艺之堂，栖士之舍，图书仪器之馆，校长百执事之室，以至庖湢之所，电工之厂，游息树艺之场，莫不备具。于是五院之师生千有余人，皆得时讲贯于其中。应变以常，处困以亨，荡丑虏之积秽，扬大汉之天声，用缵邦命于无穷，其惟吾校诸君子是望乎？

校长 竺可桢 撰

中华民国二十八年八月

（《国立浙江大学》，1985 年 6 月）

宜山文庙遗碑

（四）终迁贵州遵义、湄潭

1939 年 11 月，广西的战争形势十分紧张。11 月 15 日，日寇在广西南部沿海的龙门港登陆并迅即侵占防城县；11 月 25 日，广西南宁陷落。

在宜山的浙大已不安全，学校决定筹备迁校，并派人去贵州遵义和云南建水等地勘察校址，最后决定迁到贵州遵义、湄潭，并报告教育部。12 月 13 日晨，第一批船载仪器启运，同日晚第一批图书装上两辆汽车迁移；至 12 月 23 日，已有 405 箱图书仪器运走。1940 年 1 月 9 日，教育部同意浙大迁移贵州，于是浙大正式全面迁校。时值隆冬，天寒地冻，桂黔之间，山峦重叠，又缺车辆，搬迁极为困难。浙大师生一路顶风冒雨，协助学校搬运图书仪器，经过艰苦的努力，才使学校胜利地迁到贵州。

经竺校长于 1940 年 1 月间亲自勘察，由于遵义到湄潭等地的公路当时尚未竣工，湄潭、永兴的校舍尚须增建，所以浙大决定一年级学生暂时在贵阳南面 30 多公里的青岩居住和上课，称为青岩分校。2 月 9 日，青岩分校一年级和先修班学生 361 人开始上课。2 月 22 日，二、三、四年级学生在遵义开始上课。

1935 年 1 月，中国工农红军长征到达遵义，召开了举世闻名的遵义会议，在革命最艰难的时刻，挽救了中国共产党和工农红军，成为中国革命历史的伟大转折点。时隔五年，1940 年 2 月，浙江大学这支文化教育队伍，经历千辛万苦，也长途跋涉来到这里。这真是历史的巧合。

20世纪50年代的遵义全貌

浙江大学迁到遵义，实践证明这一抉择是明智的、正确的，浙大得以在相对安静的黔北山区，赢得了近七年的宝贵时间，并得到长足的发展。知名教授群集，学生得到了良好的培育，学校在艰难中有了新的发展。

1940 年 1 月，浙大到达遵义之后，首先是解决校舍问题。初到时，除一年级在贵阳以南的青岩外，其余集中在遵义县城。5 月，湄潭分部校舍启用。10 月，永兴分部也可接纳学生。至 1941 年初，浙大校址基本稳定，教学科研活动正常开展。

遵义南门

1. 校舍分布

总的布局是：文学院、工学院和师范学院的文科系设在遵义；理学院、农学院和师范学院的理科系设在湄潭；一年级设在永兴（也称永兴场，属湄潭县）。另在浙东龙泉设有分校。

遵义：校本部办公室设在子弹库。图书馆设在江公祠里。借用遵义师范学校的一部分房屋作男生宿舍和学生食堂，租用杨柳街民房为女教职员和女生宿舍，柿花园、石家堡等为单身教师和教授宿舍。在东门城墙内外新建草房和瓦房数十间，作为工学院各系的实验室。还在湘江开辟游泳池。

湄潭：在遵义以东75公里。浙大在湄潭县城新建了植物病虫害系楼、物理系楼等教学用房，以及大礼堂（也是饭厅）和四幢男生宿舍、一幢女生宿舍等生活用房，还有一所子弟小学、大操场、游泳池等。还在城外辟地200余亩作为浙大农场，分布着农艺、园艺和蚕桑等系的试验场地。把原湄潭中学扩建为浙大附中。

永兴：距湄潭县城15公里。借用当地“江馆”（江西会馆）、“楚馆”（湖南、湖北会馆）作为一年级分部，租用一些祠堂、民房作试验室。第一批新生，即1940年入学的新生，计652名，于10月18日开始在永兴报到注册。原在青岩的一年级分校于1940年10月中旬结束，因当时车辆缺乏，学生400余人步行至遵义，历时6天。

全校教职工的住房大多在三地分散租用民房，竺可桢校长也如此。

遵义浙江大学校舍分布示意图

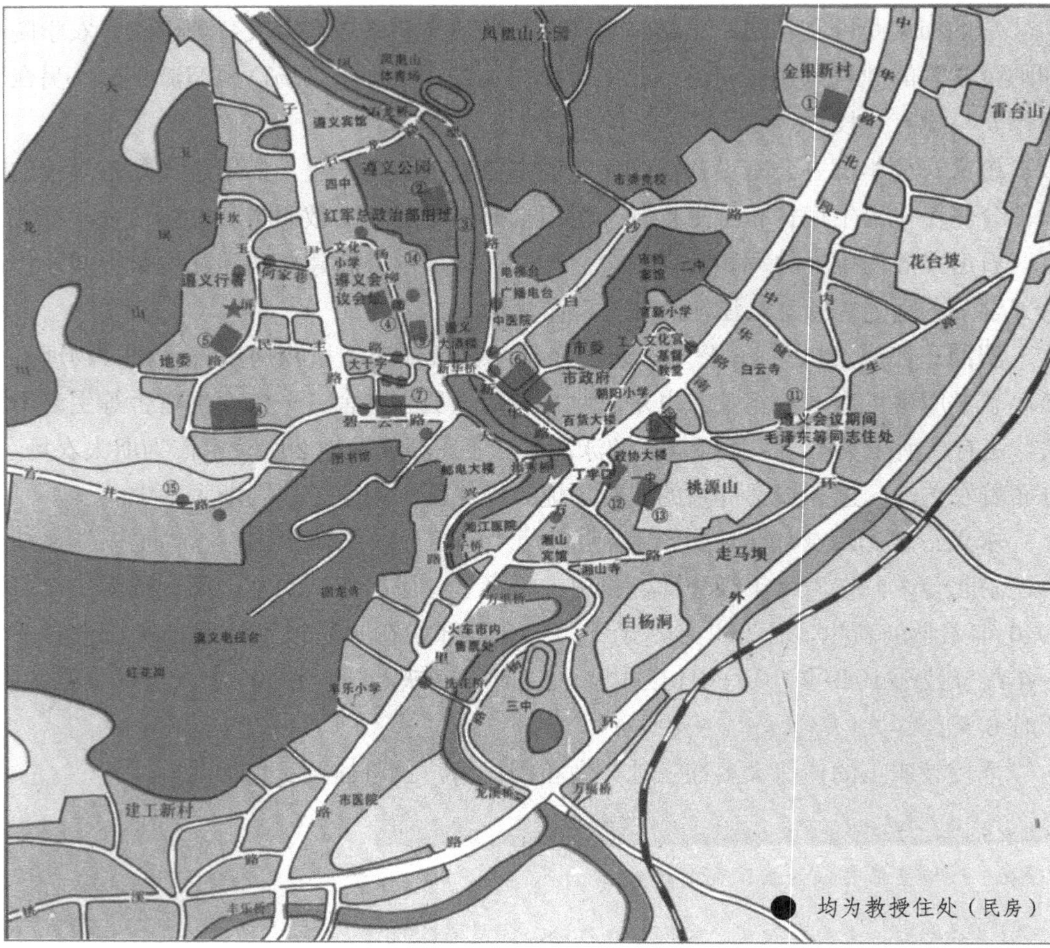

- 化工实验室（一）
- 游泳池
- 男生宿舍（遵义师范校址）
- 文科研究所史地学部（水峒街）
- 男生宿舍（唐家祠堂）
- 化工实验室（二）
- 图书馆（江公祠）
- 费巩教授住处（石家堡）
- 工学院实验工场（柏家堤坎旁）
- 女生宿舍（杨柳街）
- 教务处、教室、男生宿舍（何家巷3号、5号）
- 总务处、校长办公室（子弹库）
- 男生宿舍（老邮局）
- 纪念周会场（播声电影院）
- 竺校长住处（碓窝井9号）

湄潭浙江大学校舍分布示意图

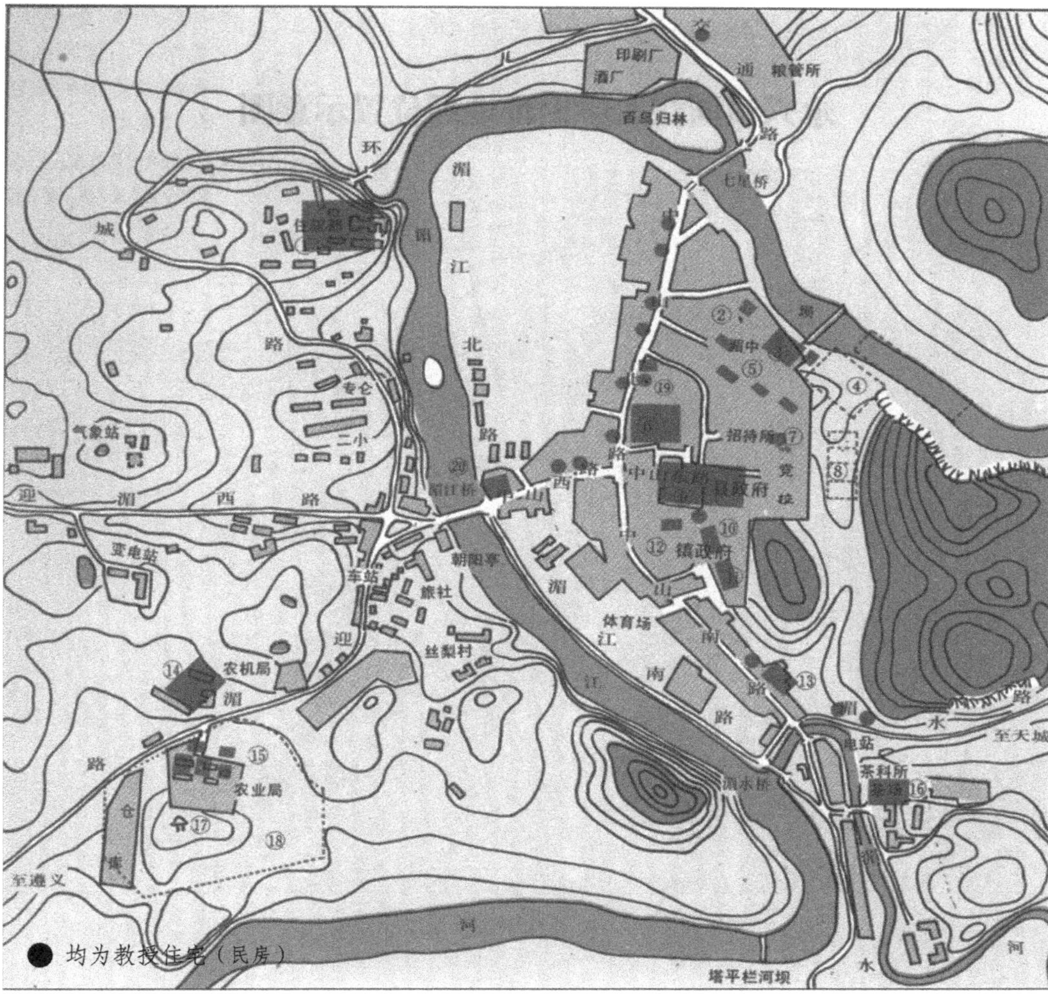

● 物理系（双修寺）

● 足球场及游泳池

● 女生宿舍（信斋）

● 农经系（财神庙）

● 数学系（朝贺寺）

● 湄江吟社

● 浙大农场

● 浙大附小（玉皇阁）

● 男生宿舍（四幢）

● 篮排球场

● 化学系（梵天宫）

● 生物系（唐家祠堂）

● 七七亭

● 学生服务处

● 大礼堂

● 浙大附中

● 浙大湄潭分部办公室、图书馆（文庙）

● 教师住处之一（天主堂）

● 农艺、园艺、农化、病虫害、蚕桑系（贺家祠堂）

⑳ 教室（湄江饭店）

永兴镇浙江大学旧址地理位置示意图

遵义子弹库浙大临时校本部

遵义子弹库浙大临时校本部

遵义子弹库内的竺可桢校长办公室

遵义子弹库内浙大总务处办公室

教务处学生注册课设在遵义何家巷3号

何家巷5号教室

遵义天主堂（浙大女生宿舍在对面）

遵义何家巷3号宿舍及教室大门

浙大在遵义江公祠的图书馆大门

在遵义公路上远眺江公祠

遵义江公祠路上

江公祠

遵义江公祠浙大图书馆所在地

借住遵义师范学校的浙大宿舍

当年的教师住处

唐家祠堂（当年浙大文学院学生宿舍）

浙大在遵义的校舍

老邮局（当年浙大学生宿舍）

遵义文庙

湄潭县政府部分官员与教师在浙大汽车旁留影

（车前立者严溥泉、胡宪之、刘慕曾、竺可桢、张杰孙、王佛艇；在车上者胡建人、舒鸿、贺壮予、蔡邦华）

浙大与湄潭之间的往来电文

1940年5月，以湄潭县长严溥泉为首成立了浙大迁移协助会，请浙大校长、教授列席讨论，支援房舍250余间，让出文庙、民教馆、救济院等办公房屋；又决定将湄潭中学与浙大实验学校（即附中）合并，依靠浙大师资办好地方教育。一切计划可谓周详细致，湄潭方面提供各种各样的方便，使浙大师生有了一个较安定的治学环境。

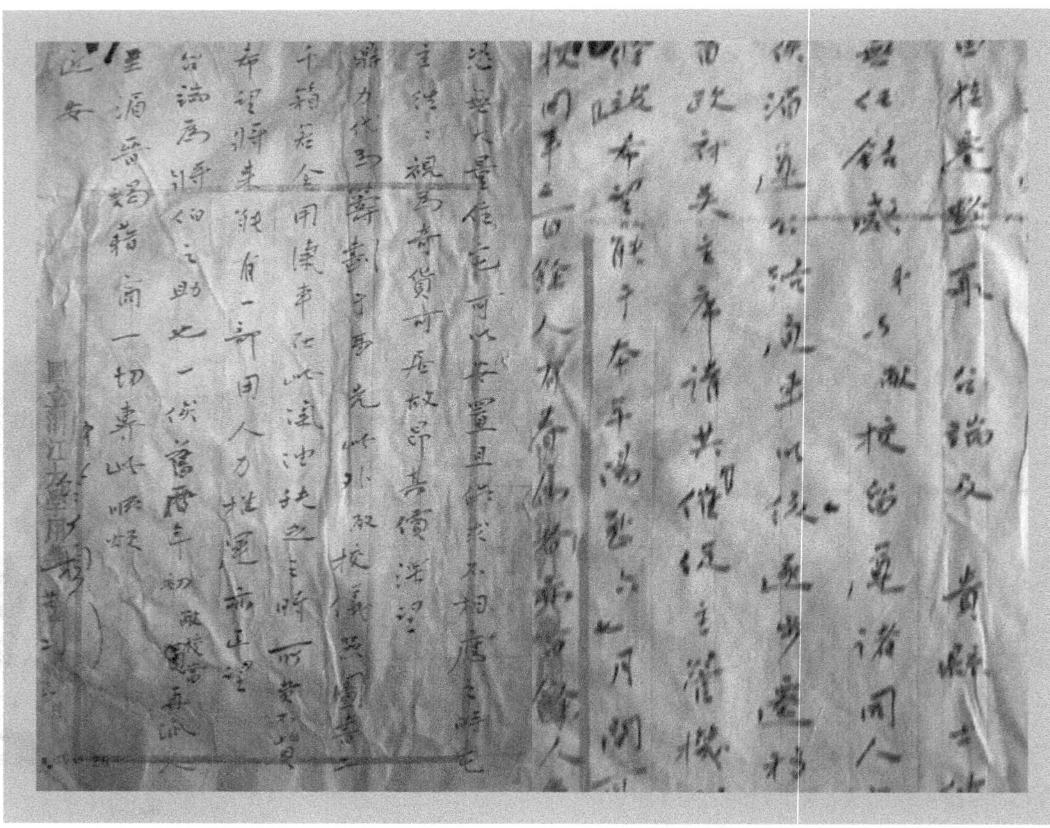

竺可桢校长给湄潭严溥泉县长的亲笔信（1940年2月3日）

湄潭浙大校门

设在湄潭文庙大成殿的浙大图书馆

湄潭文庙前的石桥

（左起：王谟显、胡刚复、蔡邦华）

湄潭浙大学生宿舍全景（1942年摄）

湄潭浙大理、农学院女生宿舍“求美斋”

湄潭女生宿舍

湄江饭店，时为浙大部分教授住处

天主堂（湄潭浙大教师住处之一）

永兴浙大一年级学生教室一角

永兴火神庙（浙大农学院畜牧试验基地）

永兴财神庙（当年浙大一年级生物实验室）

永兴江西会馆

永兴万庄茶场

2. 学校规模

浙江大学在抗战初期由杭州西迁时，仅有文理、工、农三个学院 16 个系。此后，逐步有所发展。

1938 年 8 月，增设师范学院，下设国文、英语、教育、史地、数学、理化等学系。

1939 年 8 月，文理学院分立。文学院设中文、外文、教育、史地等学系；理学院设数学、物理、化学、生物等学系。同年，设立文科研究所史地学部、理科研究所数学部，另设史地教育研究室。工学院的机械、化工两系各开设双班。同年 4 月，设立浙东龙泉分校。5 月，农学院农艺系农化组扩建成农化系。

1940 年 8 月，工学院机械、电机两系设双班，师范学院设两部。另在湄潭设浙大附属中学。

1941 年 8 月，设工科研究所化工学部。

1942 年 7 月，成立研究院。

1942 年 8 月，增设理科研究所生物学部、农科研究所经济学部。

1944 年 8 月，工学院设航空系。

1945 年 8 月，增设法学院，设法律系。

1946 年 8 月，增设医学院。

截至 1946 年秋浙大复员返杭时，浙江大学共有 7 个学院，26 个学系，1 个研究院，4 个研究所、5 个学部、1 个研究室，1 所分校（龙泉分校设 8 个学系），2 个先修班及 1 所附属中学。另有工场 11 所，农场有地 300 余亩。

在西迁过程中，学生人数也有所增长。1936 年时，浙大有教授、副教授 70 余人，学生 512 人。1937 年 10 月统计，浙大有学生 633 人，随校西迁的学生有 460 人。至 1946 年复员返杭时，有教授、副教授 201 人，在校学生 2171 人。浙江大学在遵义时期历年毕业生共有 1857 人。

在校教职员人数由于抗战时期经费缩减，增加不多，职员人数还有所减少。

1941 年 6 月，教师 210 人，职员 165 人，合计 375 人。至 1944 年，教授、副教授 144 人，讲师 38 人，助教 110 人，职员 128 人，合计 420 人。总人数增加 45 人，其中教师增加 82 人，职员减少 37 人。而 1944 年时在校大学生达 1658 人，比 1937 年 10 月的 633 人增加 1.6 倍多，而教职员总数增加很少，由此可见办学效益比战前有很大提高。

3. 箪食弦歌

当时整个中国法币贬值，物价飞涨，人民的生活处于水深火热之中，遵义地区虽是战时大后方，也不例外。这个山区小邑，早已是沦陷区同胞在黔的避难之地。当时已有陆军大学、军官外语班和步兵学校迁入，加上浙大师生和逃难的人，城镇人口成倍增长，生活日趋困难，物资奇缺，“居”不易，“活”也困难。浙大学生家在沦陷区的多，经济来源断绝，大多靠公费、贷金和工读维持生计。教授和员工有薪给，但大多一家数口，积蓄少，开支大，度日艰难。

教授们租住民房，一家人住一两间屋，瓦木结构，没有电灯和自来水，冬冷夏热，桌几床铺将就借用，天雨时泥泞屋漏，也是司空见惯的事。上课教室远，要走几条街，没有任何交通工具。学生们住在大宿舍里，双人上下铺，自习只能坐在床上，自习桌子很小，用桐油灯节约用油，三更灯火中大家都是一对被烟熏过的黑鼻孔。教学和实验用品也很简陋，光线很差，又必须仔细作笔记，用的是土纸和化工系自制的墨水。室内是泥地，雨天到来，室内外一片泥泞。但是，只要能住下，狭窄也好，破旧也好，灰暗也好，大家总把它收拾得干干净净，仍算是个学习的好地方。

教授们经过迁校的长途转徙，不少衣服已经丢了，旧了，破了，添置困难。孩子多的还要改些给孩子们穿，一新、二旧、三破、四补将就凑合；生活困难的还要典卖部分衣物来补贴家用。因此，教授们除个别单身汉以外，大都是故衣一袭，长袍短褂不拘，从不考虑穿着。学生们衣服本来不多，战乱中被敌机炸过，毁坏丢失，有的还是师生员工捐赠的，穿的是五花八门，但大体是破旧长衫的多，着整齐制服的少。大多学生冬天寒衣薄被，除了上课和实验少出门，用棉被围身取暖上自习，也是常有的事。穿皮鞋的少有，穿布鞋、胶鞋和草鞋的多，破被破衣补了又补也不能丢掉。少数在后方有接济的同学，穿着稍为整齐，但也十分朴素。贵州籍学生出身清寒的多，自然也很简朴。有的人为了到中小学兼课，为人师表应注意仪容，常有两三人共置一件较好的外衣，上课时再穿出去。尽管浙大师生衣着俭朴，但注意清洁卫生，质朴而不寒酸，典雅大方中自有其书卷之气。遵义各界受其影响，连中小学生也俭朴蔚然成风，看轻外表的衣饰而重视内心涵养。

竺可桢与夫人、儿女在遵义杨柳街碓窝井9号宿舍前（摄于1946年1月22日，在这里，他与竺宁、竺安两个孩子一起度过了农历新年。竺可桢的家原先安排在遵义水峒街3号，1940年2月22日，寓所移至杨柳街碓窝井9号，房东是傅梦秋先生，其原先是遵义初中校长，后由竺可桢聘任为浙大庶务主任。竺可桢与陈汲女士在重庆结婚，回遵义后也就住在碓窝井9号。同年12月14日，小女儿竺松出世。住舍却一直没有更动，直至抗战胜利。）

诺贝尔奖获得者李政道教授回忆说："我在浙大学习时的条件十分艰苦，物理实验是在破庙里做的，教室和宿舍就在两个会馆里，白天到茶馆里看书、作习题，泡一杯茶，目的是买个座位，看一天书，茶馆里再闹也不管。""条件差些，实验设备简陋一些，同样能培养出人才来。"

教授们工资从数额上说似乎不少，但物价飞涨中养家艰难，一般都很清苦，不少教授率先戒去几十年抽香烟的习惯。贵州人吃肉叫做"打牙祭"，大多数人每月初二、十六才吃一次，农村每月还吃不到两次，一般是过年过节才有肉吃。教授们

王淦昌教授一家在贵州湄潭（摄于1944年）

入乡随俗，吃肉减少了，都说“瓜菜香”了。不仅是粗茶、淡饭、布衣裳，有时粮食不济还得“瓜菜代”。部聘教授苏步青子女多，经常吃番薯干蘸盐巴度日。孩子们都懂得，这是抗战时期，除了吃饱，不应有别的奢望。公费、贷金的学生们是吃“大锅饭”，大部分时间每桌一菜一汤，八人同吃，酸菜、白菜，也能果腹。物价继续高涨后，食堂无钱买菜，开饭钟声响后，饭厅上只见饭桶不见菜，也不再八人同桌了。学生们自己想办法，盐水、辣椒粉、泡菜，各人自备，也能吃上两碗，照常上课。这种“箪食瓢饮”的生活，过去只是书上写，当时却十分现实，浙大学生并没有因此影响学习。能找到兼课或工读的学生，有点收入，星期天也可能上小馆子“打牙祭”，但总是几人一起去，谁有钱谁付账，患难中同学亲如兄弟姐妹。

艰苦的衣食住行，没有难倒浙大师生。每天，教授们备课、上课、做实验，井井有条，教好课还要做专题研究。学生上课做笔记，下课做实验和做作业，时间很紧，都要争取好成绩。师生们除教学活动外，早锻炼、晚散步，闲时还打桥牌散散心，生活很充实。这里古迹名胜很多，遵义有湘山寺、石佛洞、纯阳阁、南泉寺、金顶山等等；湄潭有观音洞、桃花江、百鸟归林和风水联保（党家沟）等等；永兴有黄菊山、三岔沟等等，随时可见到浙大师生的游踪。教授们公余吟诗结社，谈道论学，赋诗填词，清茶淡酒，雄辩高论，自得其乐。学生们课余有多样文艺活动，如剧团、京剧社、文艺社、歌咏队等，举行义演、写作出刊、学术讨论等，有群众联欢，有前线劳军，忙忙碌碌，是生活的另一个侧面。师生间非集体的交往也很多，诸如游泳、打球，谈古说今，从家事、国事到天下事，无所不谈。节假日，买些炒葵花籽、板栗、柿子之类，郊游野餐；有的学生被教授邀去家中做客，或到中、小学生家中补课，也可能留下便饭，大家也不会客气。一种风雨同舟、艰苦与共的可贵精神，紧紧地把师生员工结合在一起。

学校为了帮助师生减轻和渡过困难，尽可能地采取了不少措施。如在遵义北门外洗马滩阿家寺设立结核病疗养室，专派了工友照料，并由校医、留德留日医学博士周威和在遵义开业的朱诚中医师负责医治。阿家寺距大路约半里，在山坡上，清幽绝俗，空气清新。据当年的学生吴寿松回忆，1941 年 2 月他患结核病咳血，竟至不能动弹，而父母在沦陷区，身边无人，经济又无来源，实已陷入绝境。竺校长得知后决定，把他和另一位机械系姓李的同学（也咳血）先移住丁字口附近一平房，专派工友照料，并由周威医师医治，后又移入阿家寺疗养室。曾有机械、土木、化

苏步青教授一家在湄潭家门前合影

（摄于1940年）

苏步青全家在湄潭合影（摄于1942年）

1943年10月，吕荣山夫妇在湄潭的结婚照

学、历史等系的一些学生先后在此疗养，除个别不治外，其余都获得痊愈，并完成学业。在附中读书的教职工子女，学校免费供应一餐午饭，这也多少减轻一些家长的负担。竺校长本人更是十分关怀学生的健康，如他将托人好不容易购得的营养药品送给疗养室同学服用。外文系一位姓周的同学得了重病，竺校长就派学校唯一的小汽车送她到贵阳就医，而自己却去挤“黄鱼车”赴重庆公干。有一次他有事去贵阳，回遵义时需在中途过夜，故在该地预订有旅馆客房一间，当时恰有浙大两个女生也去该地，但旅馆都已客满，连地铺也没有，恰巧遇见了竺校长，竺校长就把自己预订的客房让给这两个女同学住，自己则卷曲着身子，在小汽车里过了一夜。师生情谊，胜过家人。

老师和师母对待学生像自己的亲人，平时关心他们的功课和身体，为困难学生寻找代课兼职的工作如刻蜡纸、工读之类；毕业时代筹出路，推荐就业；临别时借给路费、衣物，也是常事。学生为教授们帮助家务，代教孩子功课，甚至代卖衣物，也屡见不鲜。学生们互相支援衣物，上一级同学把书籍、文具转让或留赠下一级同学。这就是浙大当年的师生关系。1939年，数学系四位同学毕业，钱宝琮教授写诗祝贺，把四位同学的姓（张、方、周、楼）嵌字入诗，师生情谊可以概见：

象数由来非绝学，群才挺秀我军张。
天涯负笈传薪火，适意规圆与矩方。
黉舍三迁乡国异，师门西度日星周。
竿头直上从兹始，稳卧元龙百尺楼。

浙大在遵义七年的办学实践，是求是精神和竺校长民主办学精神的结晶。求是精神倡导的是基础理论与应用技术的并重，是科研与生产的结合，是学生德、智、体、美的全面发展。在艰苦的岁月中，浙大培养出了大批实践能力强、吃苦耐劳、精通专业、基础扎实、知识面宽的高级专门人才。浙大在遵义办学取得的显著成绩流芳史册。

浙大 1946 年秋复员东归时，易修吟教授曾赋诗祝贺校庆和竺可桢任校长十年：

春风吹暖到山城，郁李繁桃次第荣。
立达功能参造化，新兴士气仰陶成。
千年道统斯堪托，十载贤劳孰与伦。
马首欲东人意快，弦歌又共浙潮鸣。

【参考阅读】

青岩镇万寿宫

…… 青岩位贵阳之南，是个小镇，汉苗杂居。自贵阳去青岩有公路局班车可通，每天一班，战时交通困难，必须先行登记订票。公路局车自贵阳过花溪至青岩，再南可到定番县城。青岩为浙大一年级分校校址（二十八级），实际上浙大自宜山迁贵州，限于战时交通，稽延颇久。一年级和先修班在青岩正式开学已是一九四〇年二月八日，学年结束为八月底，前后正式上课仅七个月。一九四〇年一年级新生（二十九级）则移校于湄潭永兴镇，浙大青岩分校前后不到一年。

青岩分校校本部设在真武宫，教室、图书馆、办公室均集中于此。慈云寺为男生宿舍，女生宿舍另租民房。物理实验室为三层楼洋房，租自彭姓。金工工场在圆通寺，我们做木工、金工实验，抬头可看到金刚怒目的菩萨。真武宫原为道观，有门楼，有广场，然后为大殿，如一般道观的布置格局。进大门一排三间门楼，有楼梯上楼，即为当年图书馆。两侧为厢房，一侧为先修班教室，另一侧为分校办公室，中间为广场，有石阶拾级而登。石阶前平台植有旗杆，早晚升降旗在此集合，纪念周亦在此举行，竺校长来分校集合学生在此演讲。过广场是真武宫大殿，辟作大膳厅和大教室用，期末全校大考亦借此举行。全校学生膳厅仅此一处，女生亦在此一同用膳。晚间，膳厅则作同学自修之处，莘莘学子，灯火荧荧。

青岩一年级连同先修班同学约五百人，慈云寺无法全部容纳，用双人上下木床，辟作大寝室安置，至于洗脸、洗澡之处，更是因陋就简了。有一部分同学怕大寝室挤和闹，宁可自己花钱租住民房。记得化工系同学中，有位家系四川绅粮者，带了太太并有名贵打字机，习题用英文打字，笔记也要打字，租住民房，自雇佣人，小家庭开伙，也算当年的特殊阶层了。这位同学曾读过华西坝教会大学，然一心向往浙大化工，降班屈就，慕名而来，可惜年龄太大，记忆较差，浙大功课逼得凶，虽然“后勤部队”优良，还是辜负了其向学之忱，未能读完。

……青岩分校主任是彭百川先生，高胖个子，一身藏青哔叽中山装，湖南腔。一年级军训管理，作息吹军号，升降旗典礼除军训教官在场外，彭老师身先士卒，领先参加。竺校长曾来分校视察，并召集同学训话。他小小个子，鼻架眼镜，是十足的学者风味。竺校长口才并不高超，一口江浙话，四川、贵州、两湖、两广的同学恐怕难以全部听懂，但其讲词条例分明，有内容，有情感，极富启发性。

青岩镇百岁坊

浙大老师也是江浙籍的居多，姑以化工系三个主科的老师为介。我们工学院的微积分老师是钱宝琮先生，钱师第一堂课先在黑板上写出自己姓名，自行介绍，继而写“疑”“难”两字，中间悬空，再填“质”“问”两字，四字并联，即为“质疑问难”，开宗明义说明大学教育之本质，使我辈后生小子了解大学之“大”，与中学截然不同之处。一年级物理由朱福炘老师担任，朱师口若悬河，讲得快，也写得快，一手粉笔字，写得有劲有力，往往黑板震动。他讲常州话，嗓子洪亮，条理分明，天稍热时额头汗出涔涔，需不时擦汗。储润科老师教普通化学，国语风趣引人，不细心听，不知道他是宜兴人。化学方程式是乏味死记的事，然而，储师用电子变化解说，引人入胜，就容易记住了。这三门课是工学院的重头科，每星期或每两星期小考一次，还有月考、期考，大家不得不尽力赶，晚间自修灯火俱明，十分认真。

我们化工系的国文老师是张清常先生，张师为北大国文研究所的高材生，为顾颉刚、黄侃的得意门生。名师出高徒。张师是江南瘦长白面书生型，一口京片子，一袭中式长袍，走路时飘飘欲仙，写黑板字另有一功，不是瘦金体，而另有孺拙之味。他上讲堂所带书本，用包袱对角包裹，携来讲堂，放在讲桌上，慢慢打开包袱，再展开线装书本。张师因深受太老师影响，为强烈之疑古派，认为古史不足信。他用图腾说明“闽”字，认为闽人（福建人）的祖先是一条虫，引起我们班里闽籍人的强烈反感，尤以郑长基同学反感尤烈，认为简直是对福建人的侮辱。张老师名士派气味甚重，大概承袭太老师遗风，亦好臧否人物，而对作文分数打得太紧，因之引起同学惶恐，似非驱之不快了，结果引起一场化工系赶国文老师风潮。良师气沮，真是太可惜了。……

——摘自张棨[1]《青岩怀旧录》

（《天涯赤子情——港台和海外学人忆浙大》，1987 年 4 月）

[1] 作者 1944 年浙大化工系毕业，在美国纽约泰克尼—伯莱克斯联合公司任职。

【参考阅读】

……在宜山向学校办了报到手续，还未注册上课，因为镇南关告急，日机轰炸宜山，学校已决定北迁贵州。记不起是何月何日，接到通知明日有校车去贵阳，可以让我搭乘前往，于是又收拾行李整装出发。大卡车装满了学校的设备行李，我幸运地坐在司机驾驶舱中，一路翻山越岭，经过金城江、六寨、独山、都匀、马场坪、贵定、龙里，在灰沙迷漫中到了贵阳。

学校在贵阳的办事处要我们住下来等消息，说是新生在哪里上课还未决定。在小客栈里不知道住了多少日子，天天只有逛城墙，溜马路，坐茶馆，实在非常无聊。办事处后来通告新生将去青岩上课，可是什么时候注册开学还不知道。有一天在办事处听说明日有校车送东西去青岩，我便请问是否可以让我搭乘去青岩等候。办事处的一位先生说，去是可以，不过一切要自己负责。想想在贵阳是等，去青岩也是等，在贵阳住得无聊，何不去青岩换换环境？这样我便决定随车而去。当时很奇怪，在贵阳等候的新生很多，为什么他们都没有这打算？那天校车上只有我这一个新生，另外是一位押运的职员和工友。校车开到青岩城内的一座大寺院，卸下东西，也把我卸下，便回贵阳去了。

青岩镇定广门

这座大寺院是真武宫，当时是学校在青岩的办事处，后来是主要教室和办公室。还算不错，住持给我安排了一间厢房，房内一张木床，两条大板凳，一盏油灯，还指点我何处有水可用，便去做他的功课。住宿解决了，想不到在那青岩小地方，居然有一家广东人开的饭店——会仙楼，这样两餐也有了下落。在暮鼓晨钟，梵音歌诵声中，记不起在这寺中住了多久。每天黎明即起，入黑便睡，白日在城内石板路上数石头，或者走上城墙，穷目四望，远处小溪边、田畴上，倒也有三三两两女学生在谈笑嬉玩，据说是贵阳女子师范疏散到青岩的学生，只是在城内路上都从来未遇见过！

在寺中已修行够了，小城内外也已走得厌了，会仙楼的饭菜也吃腻了，广场上苗人赶场的市集，已经没有兴趣去看，而学校什么时候开课还是没有消息！一个同学也没有来，学校职教员也没有到，心里着实有点慌！想想不如归去，有一天便收拾行李，再坐着那辆校车回贵阳去也！在贵阳又住了不知道几度晨昏，学校办事处终于贴出通告，开课有期，还登记安排去青岩车位，这样我便又回到青岩。

那天汽车进入城里时已经看到不少同学，在办事处办好报到，分发到一间大庙住宿，好像叫慈云寺，我的床位在最后一进最上一层，一抬头便和大菩萨照面，好在那时候年纪轻，晚上不必起来如厕，否则午夜醒来，夜黑星稀，没有灯光，猛然看见那大佛漆黑的面相，不吓坏才怪。……

——摘自梁颂棠《青岩上学记》

（《北美浙大校友会通讯》第 28 期，1991 年）

青岩镇慈云寺

青岩镇龙泉寺

青岩镇街头的牛

【参考阅读】

……永兴场是典型的乡村市集，农历每旬中间隔两天赶场一次，各方行旅集中来做买卖，一条主要的泥土大街上到处是人，好不热闹。校舍江西馆和湖南馆的大门都对着大街，宿舍是利用馆内左右两翼作统舱型，内置一组一组双拼两层木床，沿窗一长块木板作代用书桌。晚上每人一灯如豆，就在那里啃书，谁愿读多久就读多久，无人会过问。有一位浙江同学绰号“铁人”的，大多数同学整学年看不到他睡觉，也看不到他起床，几位广东同学倒少有超过十二点的。那时邮局还能通汇，广东故乡还未沦陷，贵州物价与家乡比较相对的低，故汇来的钱就显得很受用，往往会于晚上九、十点间随兴上街吃宵夜，有时还吃又肥又大的清蒸甲鱼，以视江浙沦陷区同学纯靠政府公费过日子的，就很够别人称羡了。

一年级功课共同科目多，吃重程度，各系不尽相同，我修习了国文、英文、农业概论、动物学、植物学、普通化学、化学实习、普通数学、社会学、伦理学、三民主义、体育、军训等共四十三学分。课余之暇没有什么娱乐场所好去，以散步、晨跑、郊游、打球、游泳等活动消磨时间，偶尔，三五知己坐坐茶馆，各泡一杯茶，买点葵花子，一面读书，一面聊天，坐上个半天。农经学会及两广同乡会曾于湄潭与永兴场之间的一处中心点，举行过两地同学联欢会，可算是最大型的课外活动了。

……湄潭虽为县治所在地，但没有一点都市的喧嚣气象。风水联堡的小竹林蹊径，奇畅河的柏林溪流，佛境观音洞的清幽，七星桥下百鸟归林，傍晚乌鸦点点，湄江滨足球场边的川杨，湄潭绿波映晚霞，现在都予人美丽的回忆。记得一九四五年十月二十八日，王德崇与陆承祖两先生带领农经系三六级同学去风水联堡作农家访问，我与钱宪黄、刘义诸兄为先锋，最早到达，即参观磨坊，油菜籽的香味甚为浓郁。及王先生与其他同学至，乃入一富农家休息，承其殷勤接待。王先生花费法币四千多元招待同学点心和午餐，由王瑞、郑润生两兄掌厨，菜味甚佳。我和幸必达、钱宪黄为一组，访问四农家，可是当天为赶场的日子，主人都赶集去了，主妇又存惊惧之心，未敢作答，且语言欠通，交谈困难，故未获丰硕成果。同年十二月三十一日，农经系三六级级友十七人团体郊游观音洞，晨九时自文庙出发，最先到者为李兴华、黄世民两兄，我与宋士华兄慢步前进，诸级友亦陆续到达。有玩桥牌的，踢毽子的，几位宜兴级友如储风书、钱宪黄、蒋红星三兄踢得尤为精彩。洞中清幽雅致，洞底水声潺潺，冬暖夏凉。洞门有一长联：“本乡僻，乃名山，入其中谽谺怪裂，巉岩玲珑，乳液凝垂，泉流激湍，果然巧妙灵奇，直是生成清虚殿；配石门，作屏障，见乎外室刹堂皇，规模壮丽，檐牙高啄，金碧联晖，观此亭苕列锷，几疑步进广寒宫。”

诸级友在神灵之前各求一签，余韵龙兄为我解签，偏读婚姻一项，三女同学杨玉琳、刘助琳、于碧霞在旁大笑不止。杨玉琳为我卜爻，首次未符，两掷始得一阴一阳。午食酒肴颇丰，有鸭、鸡、鱼、肉、汤，分两桌。饭后茶会游艺节目亦颇多，我唱两段风雨归舟，最后集体游戏，下午四时尽兴而归。此种情景，虽时隔将近三十年，仍觉回味无穷。……

——摘自杨开雄[1]《胜利前后 贵州杭州》

（《天涯赤子情——港台和海外学人忆浙大》，1987 年 4 月）

[1] 作者 1947 年浙大农经系毕业。

【参考阅读】

…… 湄潭县原有四个城门。南门在修马路时给拆掉，东门很小，大学女生宿舍就筑在东门里的山坡上。男生宿舍在北门外，由城里去男生宿舍可以经北门折东，或者登山坡穿东门折北，再下一个坡就到。那时不知道是怎么一个典故，男女同学情侣在一起散步叫“开车”，男的是“司机”，女的就成了“车子”。这样两人一齐走上女生宿舍，就成为古诗十九首里的“驱车上东门”。东门外的小山坡可并不富有罗曼蒂克的气息，那是湄潭县政府从前刀砍、后来枪决棒老二（土匪）的地方，胆子小的人，晚上从来不敢在这里走。学校理学院的教室大多在城里，另一部分和农学院在湄江对岸，上下课时整个城里都看见学生走来走去。遇到乡下人进城赶场的日子，拿着书本的，提着肉、拿着蛋和蔬菜的，就挤个不亦乐乎。

湄潭的城中心有一个很宽的十字路口，几乎每天每个人都要经过这个地方。这里是乡人进城摆卖瓜果的地方。别看这地区偏僻，四季瓜果可丰盛得惊人。硬柿子、金盖梨、木瓜梨、洋桃、栗子、李子、桃子应有尽有，价钱便宜得人人都能买一大堆。乡下人不像城里人那样会做生意，瓜果有的论斤卖，有的论碗卖。如果你有本事能在碗里堆放比别人更高更多，乡人不但不以为意，而且哈哈大笑，高高兴兴卖给你。金盖梨和木瓜梨上市的时候，我们有几个宝贝要吃最新鲜的，就临时组成一个“吃梨团”，远征乡下人的果园，像猴子一样爬到树上去吃。在树上摘梨吃不要钱，临走时再跟他们买一大堆带回家。朋友，如果你不知道新鲜梨的水分比熟桃子还多，你一定没有爬到树上去吃过梨。洋桃或称猕猴桃，约有两个桂圆那么大，长圆的，外皮棕黄色，有短毛，剥开薄皮里面是碧绿的，芬芳可口，离开湄潭后一直没吃过。前些时在美国超级市场上看到由澳洲运来的一种开心果，标价并不低，看看和洋桃一样，买几个回来，剥开一看，可不就是洋桃。湄潭的洋桃怎么会和澳洲的一样，而别处反而不多见，我一点也无法解释，只是这么一来，搞得内子和我更加思念湄潭了。……

—— 摘自郑家骏[1]《忆湄潭》

（《天涯赤子情——港台和海外学人忆浙大》，1987 年 4 月）

---

[1] 作者 1948 年浙大化学系毕业，在美国获博士学位，曾任堪萨斯大学教授。

【参考阅读】

……校务会议决定，文、工两学院在遵义，理、农两学院在湄潭，一年级在该县永兴场上课。湄潭城内文庙为主要上课地点。文庙建于城东，城外有高山，湄潭河环绕城北与城西，两岸为小型冲积地。西门外河边有一座三楼建筑，名湄江饭店，为当地富户韩仲强所有。屋外沿河有一磨坊，赖水力转动竹木造之大水轮，以供碾米之用。此楼面临西门外大道，通往遵义。在湄潭河上之湄江桥，仅有桥墩而无桥面，上铺木板，以供人行。农田水利教授金城，曾率学生勘查湄潭河上下游地势。河面狭窄处，流速大减，于是上游乃告泛滥成灾。浙大迁湄潭不久，某年夏季大雨不止，河水大涨，湄江桥面木板冲失，西门外沿街房屋全部进水，家眷均迁文庙避难，水退后方迁回清除淤泥，洗刷房屋家具。

一九四〇年夏，学校聘我兼任农场主任，并派我率领助教、学生沿着未完成的公路东去思南，考察沿途农业并采集作物种子，以供研究改良之材料。中途在一农家借宿，供给食物仅为马铃薯一种。次日须翻越一座分水岭，沿冬瓜墩小径登山，到达岭上后，可俯看冬瓜溪反对方向之一溪流，名烟雾溪。沿岭东去约一小时左右，到达一处平地，突然降落一百尺左右，可远眺思南县城，该地极可作为地质学之断层地带。思南县址为一盆地，乌江流经其间，气温较高，故沿江两岸有棉花之栽植。前在中央大学主持棉训班时，有学生名叫俊藩者，在该县办理推广棉花，乃乘船渡江至该区考察。回程仍乘渡船，经过一处名镇江角，江中颇多漩涡，诸人发现江水漩流状况，大多面如土色，船夫掌舵沿漩涡安然通过。次日沿原路回湄潭，因前日途中曾降大雨，有一桥梁被大水冲断，但溪水甚浅，乃得涉水通过。不幸我之左足拇指被水中尖锐石块割伤，不克步行，乃乘滑竿返湄潭。……

——摘自孙逢吉[1]《湄潭轶事》

（《天涯赤子情——港台和海外学人忆浙大》，1987 年 4 月）

[1] 作者曾任浙大农学院教授，本文于 1983 年 6 月 10 日写于美国加州圣地亚哥。

第三章

胜利复员

1945 年 8 月，日本无条件投降，中华民族的抗日战争取得了彻底胜利。西迁黔北的浙江大学准备复员回杭。

1945 年 10 月，浙江大学龙泉分校师生启程回杭，11 月在杭复课。

1946年5月，在湄潭、永兴的浙大师生员工及教学设备陆续集中遵义。5月11日，遵义文化教育界举行“浙大复员欢送会”。5 月 15 日，竺可桢代表学校回请遵义文化教育界人士，感谢遵义各界人民对浙大办学的支持。6 月 1 日起，遵义浙大总校结束，改为留守处，处理未尽事宜。

在杭校舍由于经历战乱破坏，满目疮痍，需要一段时间才能重建，因此浙大遵义总校迟至 1946 年5月才开始分批返杭。当时长江水运拥挤，浙赣铁路线尚未修复，返杭师生乘汽车经贵阳到长沙，又乘火车到汉口，在汉口换乘长江轮船至南京，再换乘火车经上海返杭。1946 年 9 月，浙大师生克服重重困难，全部抵达杭州。

回杭后的首要工作，就是修葺校舍，重建校园。因学校的办学规模在西迁中有所扩大，而在杭校舍又大部分在战乱中被毁坏，浙大校舍的重建任务十分艰巨。学校除陆续修复原有教室、宿舍和办公用房外，又新建了一批校舍，并将修复和新建的大楼及宿舍群，冠以北方先贤和学校西迁办学地名，以资纪念。

抗战胜利后的遵义

【参考阅读】

……一九四五年八月十日晚上，天朗气清，点点明星放射着灿烂可爱的光芒，星光底下一片恬静。我正端坐书桌旁翻译合作学，突然听到从街上奔跑回来的同学庄毓琦兄大声高喊："日本无条件投降了！"这一具有震撼力的大消息，令人兴奋极了。我跳着叫着，跑来踱去，不知叫了些什么。经中央广播电台说日本是十日晨向盟国乞降的。一九三七年七月七日起计算，已八年一月又三日了。八年艰苦抗战终于胜利了。当天晚上九时参加民众游行，跑到了车站，又折回体育场，再回宿舍，高呼口号不停，声音都沙哑了。八月十一日正式庆祝游行，规模极壮盛。八月十五日，重庆、华盛顿、伦敦、莫斯科同时宣布胜利，重庆市民与盟友百余人整日狂欢。同学们到处谈论着寒假返杭州的旅程，大家希望顺长江而下，俾得游览重庆、武汉、南京、镇江、上海，到杭州然后回家。九月四日晚上八时营火会，有四人舞、童子舞、白衣舞等，乐器演奏有口琴、京胡、小提琴等，有郁宗雄学长的大力戏、宋元村学长的京剧清唱。开始时还有三位盟友光临，主事者介绍与诸同学见面，增色不浅。九月五日晚，湄潭县各界开庆祝大会，队伍甚长，亦至热烈。……

——摘自杨开雄《胜利前后 贵州杭州》

（《天涯赤子情——港台和海外学人忆浙大》，1987 年 4 月）

竺可桢的家人在遵义中正桥边庆祝抗战胜利留影（摄于 1945 年 9 月）

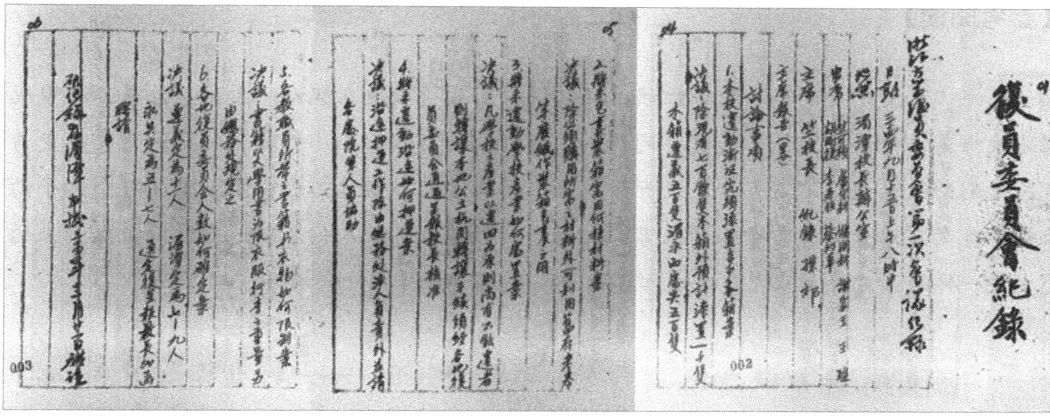

浙江大学复员委员会第一次会议记录

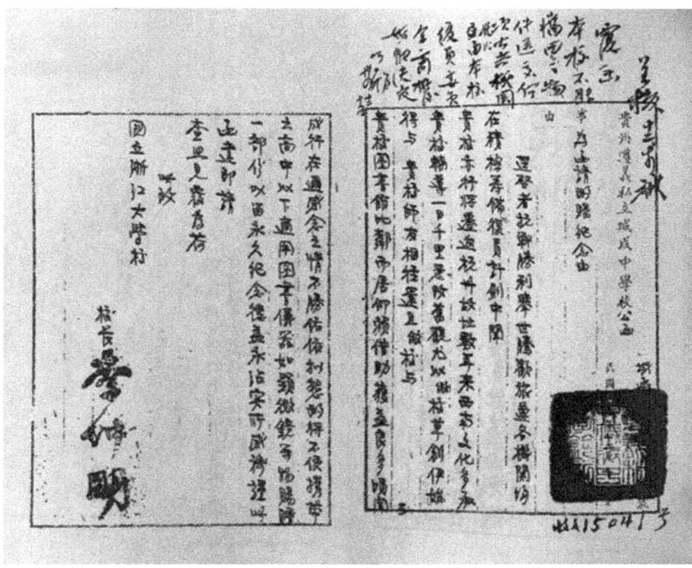

遵义私立城成中学希望浙大将不便携带的高中以下适用的图书仪器等赠送学校的公函

1945 年 9 月 15 日上午 8 时半，浙江大学复原委员会第一次会议在湄潭校长办公室举行，经复员委员会商议后决定：浙大在湄潭等地新建的校舍及湄潭附中新校舍、农场等，待报教育部备案后送交当地有关单位使用。

【参考阅读】

……“浙大复员专车”的小红旗，那么娇软而又骄傲地在飘动。大家羡慕着，挥巾脱帽地欢呼着。每天早上，总是这样的热闹，直到第一百零六面小红旗，招摇过市，接受着市民惜别的叹息说：“浙大专车又开了。”出了来薰门，经过石栏杆上刻着一百个狮子的长桥，直向乌江开去。雪峰山的浓雾，洞庭湖的微波，尽让人们不断地欣赏。虽然带来的是十年一样的困穷，大家还是欢欢喜喜地回来了。……

——摘自诸葛麒《十年教训》

（《国立浙江大学》，1985 年 6 月）

国立浙江大学复员专车

浙大师生乘坐汽车离开遵义

【参考阅读】

国立浙江大学黔省校舍记

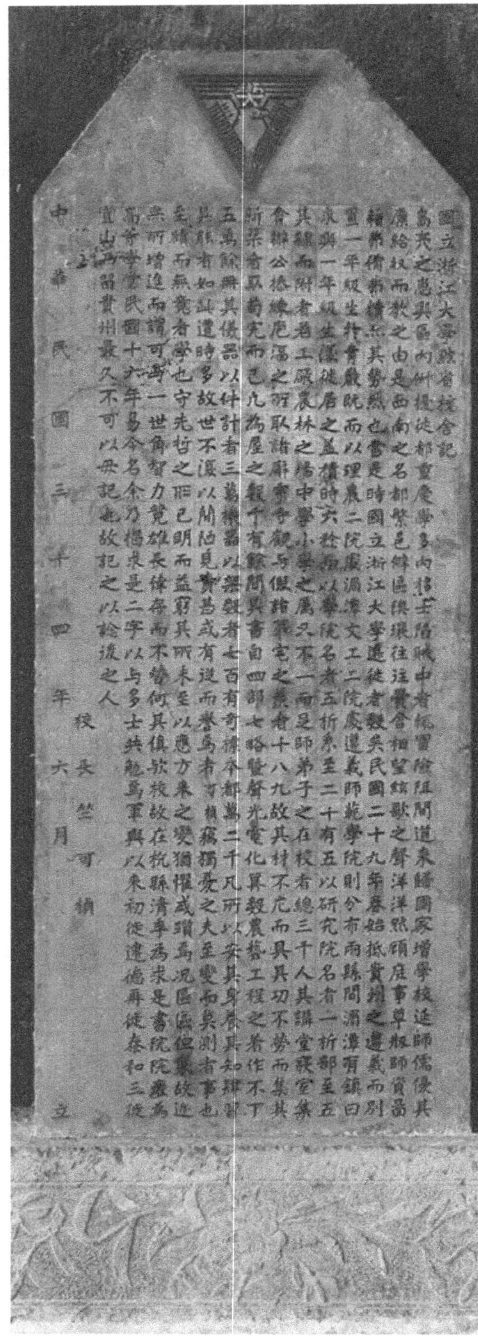

岛夷之患兴，区内儆扰，徙都重庆，学多内移。士陷贼中者，辄冒险阻，间道来归。国家增学校，延师儒，优其廪给，收而教之。由是西南之名都繁邑，僻区陬壤，往往黉舍相望，弦歌之声洋洋。然顾庶事草创，师资图籍，弗备弗精，亦其势然也。当是时，国立浙江大学远徙者数矣。民国二十九年春始抵贵州之遵义，而别置一年级于青岩。既而以理、农二院处湄潭，文、工二院处遵义，师范学院则分布两县间。湄潭有镇曰永兴，一年级生复徙居之。盖积时六稔，而以学院名者五，析系至二十有五；以研究院名者一，析部至五。其隶而附者，若工厂、农林之场，中学小学之属，又不一而足。师弟子之在校者总三千人。其讲堂、寝室、集会、办公、操练、庖湢之所，取诸廨宇寺观与假诸第宅之美者十八九。故其材不庀而具，其功不劳而集，其新筑者取苟完而已。凡为屋之数，千有余间。其书自四部七略暨声、光、电、化、算数、农艺、工程之著作，不下五万余册；其仪器以件计者三万；机器以架数者七百有奇；标本都万二千。凡所以安其身，养其知，肄习其能者如此。遭时多故，世不复以简陋见责，甚或有从而誉焉者。可桢窃独忧之。夫至变而莫测者，事也；至赜而无竟者，学也。守先哲之所以明，而益穷其所未至，以应方

来之变，犹惧或踬焉！况区区但袭故迹，无所增进，而谓可与一世角智力，竞雄长，幸存而不替，何其傎欤！校故在杭县，清季为求是书院，院废，为高等学堂，民国十六年易今名。余乃倡“求是”二字，以与多士共勉焉。军兴以来，初徙建德，再徙泰和，三徙宜山，而留贵州最久，不可以毋记也，故记之以谂后之人。

校长 竺可桢　中华民国三十四年六月立

（王焕镳教授撰文，竺可桢删改审定，罗韵珊先生楷书刻石）

浙大在华家池农学院建筑的遗迹

浙大迁回杭州，竺可桢和夫人与女学生们在校门口

【参考阅读】

……（八月）廿九日接奉分校路主任来篠电，饬职赴杭接收校产。时适在乡，乃兼程启行。于九月四日下午抵杭，五日前往大学路察看，门外尚驻有日军，未便进内。缓步至刀茅巷，化学系及生物系原有房屋全部被毁，已成一片瓦砾之场。次日，偕杨其泳君赴哈同花园，则驻有伪护航支队部多人，并佛教协会主办之小学一所，当告以此系浙大校舍，嘱其立即移让，均允遵办，乃即贴浙大封条标明；但于次日仍为日军占驻，未能收管。八日，赴华家池农学院，昔日之辉煌大厦、暖房，全遭拆毁，连钢骨水泥底脚之建筑亦无余存，可见当时被毁之惨之重；高农、初农及畜牧场等舍也已毁，所存者只农化组农产制造场平屋一所而已，满目荒凉，不胜今昔之感；至于农地，一部为日本军部占用，一部分为东亚麻业株式会社及日本麻袋公司占用，现植有麻、棉多亩，一部又为伪建设厅农场占用，一部为伪组织之中国合作社农场占用，地上作物有麻、棉、稻、豆及杂粮等类，拟即布告农民办理登记，进行调查接收工作。十二日晨，大学总办公处及文理学院部分日军撤去，附近居

浙江大学接管校产纪念（摄于1945年9月12日）

民纷纷拥入折取门窗，抢劫物品，当请就地有力者到场喝制，并请警备司令部、省会警察局派警弹压，驻校戒护。同时即将员役移住校长公舍原址，组设复校办事处，开始办公。近因对外接洽公牍往返甚多，爰刊制复校办事处图记一颗启用，俾便接洽进行；业已检具印模代电钧座暨函报路主任鉴核备案，谅蒙俯准。查大学总办公厅、大礼堂、女生宿舍、物理系、图书馆及厨房、水灶等屋，搬折全无，仅存五木；校长公舍、会议室、文院教职员宿舍、外文系、培育院、教育系、数学系及新教室大厦各屋，虽已破残不堪，尚可加以修理应用。至（于）档卷室、文院办公室、制图室、阅报室、电话接线室、文院厨房水灶等，均夷为平地；健身房则仍健在，惟屋顶、地板损毁已尽。体育办公室、沐浴室、热水锅炉间则完全被毁。至（于）新建之游泳池损坏尚微，较易修复。现已将附近庆春路一带通路四条分别加以堵塞，并于医务课原址加派工人值宿，以资镇压。至于工学院部分，计被全毁者有仁斋学生宿舍一所，铸工场、锻工场、木工场平屋一带，以及东首之教职员宿舍、职工宿舍平屋一带，并厨房、水灶、理发室、盥洗室等屋；其余北教室、图书室、金工场、电信实验室、无线电实验室、原动实验室、锅炉间、制革工场、染色工场及新建之大饭厅等，虽装拆改换，尚堪修理。第一宿舍部房屋拆毁尽净，只剩颓垣败壁数座而已。浙江省立图书馆轮廓犹存，内部已拆毁不堪。求是里房屋全部夷为平地，已为日军军车横行之通道矣。前军械局之大楼房屋，储有大量军用品，尚未移交，未允进内察看，以故情况不明。

综上统计，连同农学院部分，被毁损房屋大小约六七百间，拟先摄成相片，逐部估计毁损情形，另行

浙大校舍劫后景况（总办公厅）

浙大校舍劫后景况（女生宿舍之一）

列表志载，俾作将来请求赔偿之资料。目下工学院部分日军尚未撤去，且闻受降接收事宜归由省政府统筹办理，一切容再续陈。总校迁回，必须添建大量房屋及置大量校具，应如何计划，有待钧驾飞杭核夺。至如先将分校迁杭，则将残余房屋着手修理，尚可敷用。……

——摘自《本校在杭建筑大部被毁——陆子桐先生报告》

（《国立浙江大学校刊》复刊第 132 期，1945 年 10 月 11 日）

浙大校舍劫后景况（图书馆）

浙大校舍劫后景况（文学院宿舍外景）

保俶塔

第二部分

弦歌不辍

第四章

校训与校歌

世界上较著名的高等学府，均立有校训，以表达学府的办学意向、学风建设和学校精神风貌。它既要符合教育、科研和培育人才的普遍规律，又要显示出这座学府的独特追求。

浙江大学的校训为“求是”。

以“求是”二字为浙江大学校训，是在1938年的广西宜山，浙江大学第19次校务会议上决定的。在中华民族危亡的关头，在极度的艰难困苦中，“求是”校训的确立充分体现了我国知识分子不屈不挠、奋发图强、献身科学、服务民众的高尚品格和精神风貌，具有特殊的代表性和历史文化价值。

1938年12月8日浙江大学召开校务会议，讨论校歌问题，通过国学大师马一浮撰写的校歌歌词。后又请著名作曲家应尚能教授谱曲，并经校务会议通过，正式成为全校师生共同传唱的校歌。

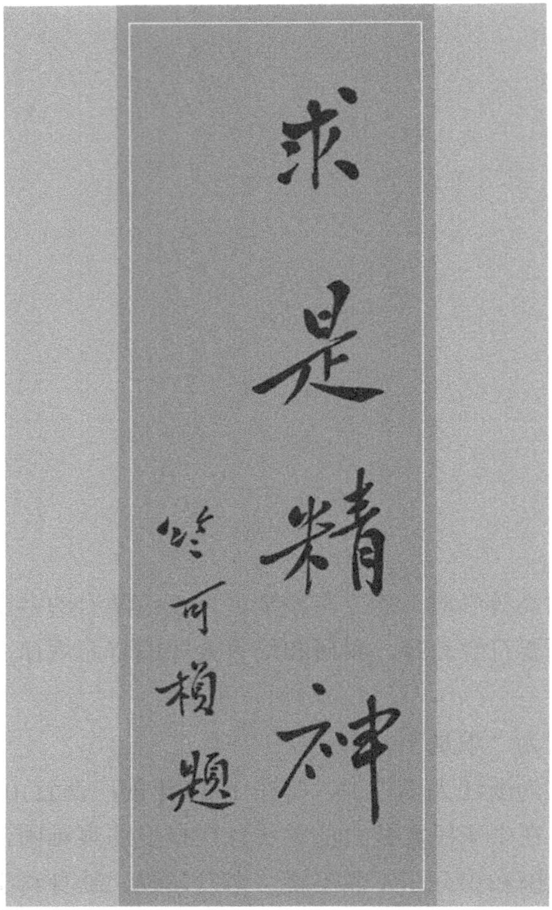

竺可桢校长题写的“求是精神”

竺可桢校长在历次演讲中反复强调：“求是精神”就是一种“排万难，冒百死以求真知”的精神，必须有严格的科学态度，“一是不盲从，不附和，不计利害；二是不武断，不蛮横；三是专心一致，实是求是”；“求是精神首先是科学精神，但同时又是牺牲精神、奋斗精神、革命精神”。从此，浙大师生对“求是精神”有了深层次的理解。

原宜山工读学校旧址

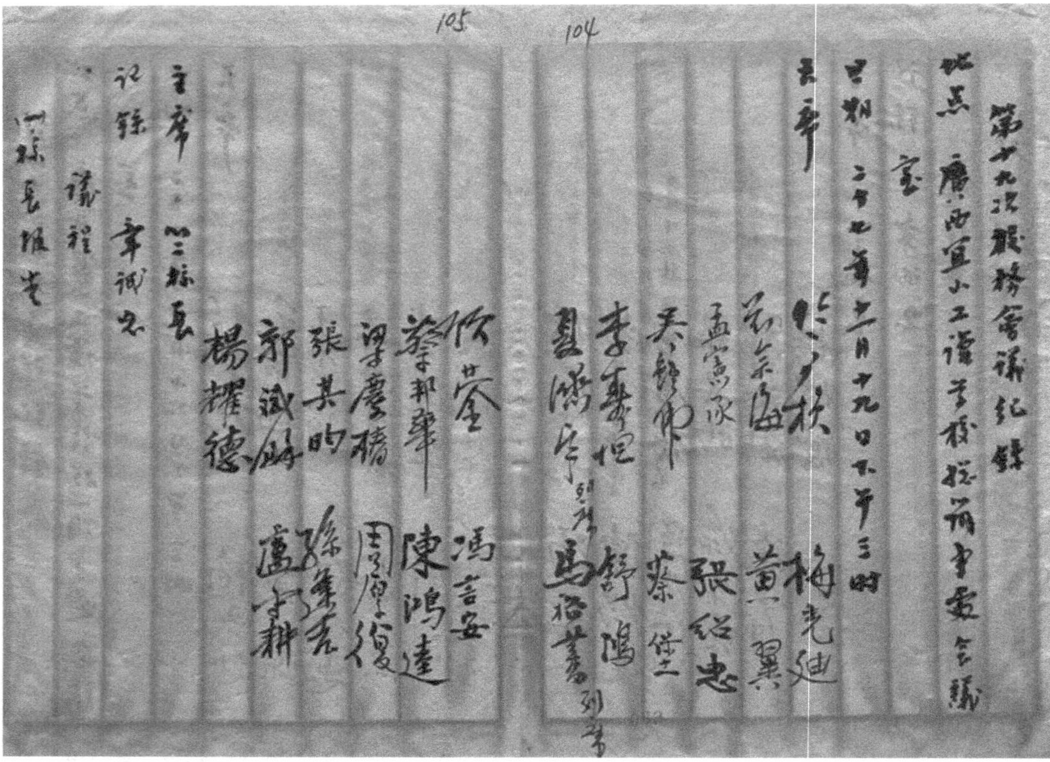

国立浙江大学第 19 次校务会议签到簿

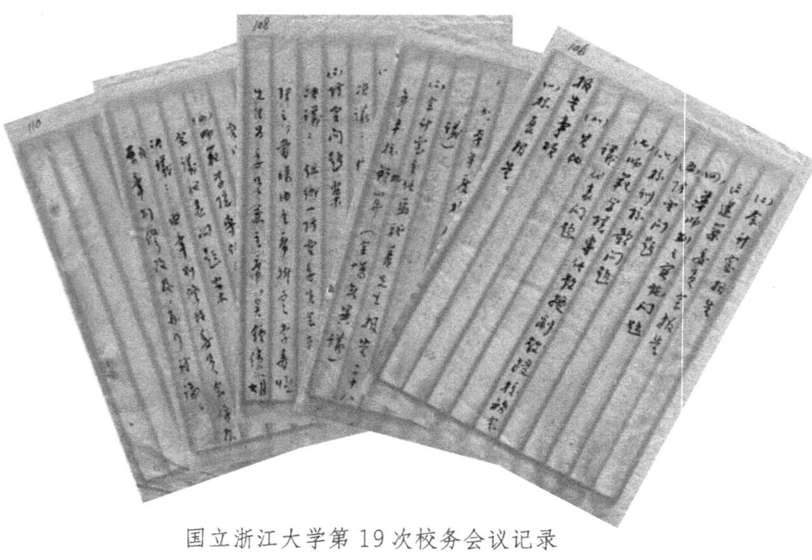

国立浙江大学第 19 次校务会议记录

出席国立浙江大学第19次校务会议人员（按签到顺序）

竺可桢（字藕舫）

职务：校长、校训育委员会主席

时龄：49

籍贯：浙江绍兴

简明履历：美国伊利诺伊大学学士，哈佛大学博士，曾任南高、南开、东南大学、中央大学教授，中央研究院气象研究所所长

梅光迪（字迪生）

职务：文理学院副院长兼外国语文学系系主任、教授

时龄：49

籍贯：安徽宣城

简明履历：美国西北大学学士，哈佛大学研究生，曾任南开及东南大学西方文学系主任，中央大学代理文学院院长，哈佛大学汉文教授，国民政府参政会参政员

担任科目：一年级英语、二年级英语、英国文学与民族性

郑宗海（字晓沧）

职务：教务长兼师范学院院长、教育学系教授

时龄：46

籍贯：浙江海宁

简明履历：美国威斯康新大学学士，哥伦比亚大学硕士，又授教育学教师，曾任南高、东南大学教授，中央大学教育学院院长，浙江大学教育学院院长、教育系教授，浙江教育厅秘书、科长、编审等职

担任科目：中学各科教学法

黄 翼（字羽仪）

职务：文理学院教育学系教授

时龄：36

籍贯：福建思明

简明履历：美国斯坦福大学心理学学士、硕士，耶鲁大学博士

担任科目：变态心理、儿童心理学、学习心理

孟宪承

职务：师范学院主任导师、文理学院教育系教授兼系主任

时龄：46

籍贯：江苏武进

简明履历：美国华盛顿大学硕士，英国伦敦大学研究院研究员，曾任东南大学教授、清华大学副教授、中央大学教育学院院长、中央政治学院教授

担任科目：教育概论、教育哲学、教育史、比较教育

张绍忠（字荩谋）

职务：文理学院物理系系主任、教授

时龄：44

籍贯：浙江嘉兴

简明履历：留美七年，先后入芝加哥大学、哈佛大学攻读物理学，曾任厦门大学、南开大学及浙江大学教授十年

担任科目：物理学（A）、电磁学、物理讨论

吴钟伟（字馥初）

职务：工学院土木工程学系系主任、教授

时龄：46

籍贯：江苏武进

简明履历：美国康奈尔大学土木工程硕士

担任科目：结构原理、铁路工程、杂志报告

蔡　堡（字作屏）

职务：文理学院生物学系系主任、教授

时龄：43

籍贯：浙江余杭

简明履历：美国耶鲁大学名誉研究员，历任中央大学文化基金动物学讲座等职

担任科目：普通生物学（甲）、普通生物学（乙）、细菌学

李寿恒（字乔年）

职务：工学院院长兼化学工程系系主任、教授

时龄：42

籍贯：江苏宜兴

简明履历：美国伊利诺伊大学哲学博士

担任科目：杂志报告、工业化学（二）

舒 鸿（字厚信）

职务：教务处体育课主任

时龄：45

籍贯：浙江宁波

简明履历：美国斯普林菲尔德学院体育硕士，克拉克大学教育卫生硕士

担任科目：体育

夏济宇（字寄宇）

职务：训育委员会军训部军训主任教官

时龄：31

籍贯：四川成都

简明履历：曾任排、连、营长、参谋长等职

担任科目：军训

马裕蕃

职务：会计室会计主任

时龄：33

籍贯：北平特别市

简明履历：江苏省财政厅会计专员，江苏省保安经费总经理，处一等军正副处长，江苏省保安处上校稽核主任

顾 鋆（字青虹）

职务：农学院蚕桑学系副教授

时龄：42

籍贯：江苏无锡

简明履历：曾任金陵大学农学院副教授

担任科目：栽桑学、蚕种学

冯言安

职务：农学院园艺学系系主任、教授

时龄：40

籍贯：安徽来安

简明履历：日本北海道帝国大学农科毕业，法国巴黎大学高等研究文凭，理学博士，中央、中山等大学教授

担任科目：果树苗种学、蔬菜农艺

蔡邦华

职务：农学院病虫害系教授

时龄：38

籍贯：江苏溧阳

简明履历：日本鹿儿岛高农毕业，东京帝国大学，德国明兴大学研究

担任科目：昆虫分类、昆虫学讨论

陈鸿逵

职务：农学院病虫害学系系主任、教授

时龄：40

籍贯：广东新会

简明履历：金陵大学农学士，美国依阿华农工学院哲学博士，曾任金大助教、讲师等职

担任科目：真菌学、植物病理学、植病研究法

梁庆椿

职务：农学院农业经济学系系主任、教授

时龄：36

籍贯：广东中山

简明履历：国立东南大学毕业，美国哈佛大学农业经济学博士，曾任中央研究院专任研究员，浙江建设厅调查统计股主任及浙江粮食管理会秘书

担任科目：统计学、农业经济

周厚复（字载之）

职务：文理学院化学系系主任、教授

时龄：37

籍贯：江苏江都

简明履历：国立东南大学理学士，法国南锡大学科学博士

担任科目：有机化学、高等有机化学、有机定性分析、化学进步、杂志报告

张其昀（字晓峰）

职务：文理学院史地学系系主任、教授

时龄：39

籍贯：浙江鄞县

简明履历：南京高等师范文史地部毕业，中央大学教授，中央研究院评议员，资源委员会专门委员

担任科目：本国地理、国防地理

孙逢吉（字念慈）

职务：农学院农艺学系教授

时龄：36

籍贯：浙江杭州

简明履历：美国明尼苏达大学科学硕士

担任科目：棉作学、生物统计学、作物设计实习、作物讨论

郭斌和（字洽周）

职务：文理学院中国文学系系主任、教授

时龄：40

籍贯：江苏江阴

简明履历：香港大学文学学士，美国哈佛大学文学硕士，英国牛津大学研究员，曾任国立清华大学、中央大学教授

担任科目：国文（乙）、一年级英文（二）、欧洲文学史、拉丁文

卢守耕（字亦秋）

职务：农学院农艺学系教授兼系主任

时龄：43

籍贯：浙江余姚

简明履历：美国康奈尔大学科学硕士、哲学博士，曾任实业部中央农业实验所及全国稻麦改进所技正

担任科目：稻作学及作物育种学、作物设计实习

杨耀德

职务：工学院电机工程学系教授

时龄：43

籍贯：江苏松江

简明履历：美国俄亥俄州立大学电机工程硕士

担任科目：交流电机、电机设计

章德勇（字诚忘）

职务：秘书、会议记录

时龄：37

籍贯：江苏青浦

简明履历：金陵大学历史系

浙江大学校歌歌词

大不自多，海纳江河。惟学无际，际于天地。形上谓道兮，形下谓器。礼主别异兮，乐主和同。知其不二兮，尔听斯聪。

国有成均，在浙之滨。昔言求是，实启尔求真。习坎示教，始见经纶。无曰已是，无曰遂真。靡革匪因，靡故匪新。何以新之，开物前民。嗟尔髦士，尚其有闻。

念哉典学，思睿观通。有文有质，有农有工。兼总条贯，知至知终。成章乃达，若金之在熔。尚亨于野，无吝于宗。树我邦国，天下来同。

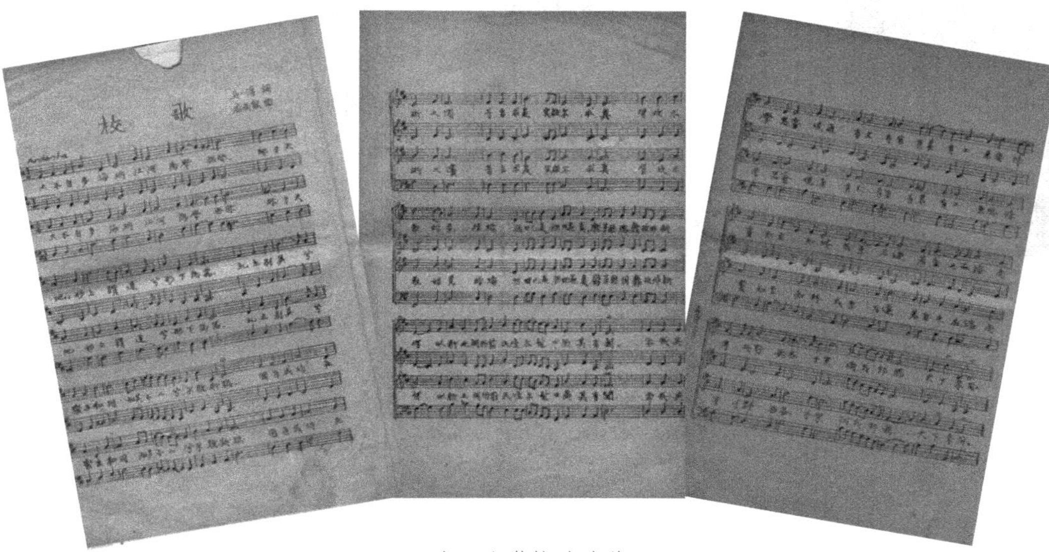

浙江大学校歌歌谱

马一浮写作的这首校歌，全用文言文，四言体，词语深奥，多用典故，显得拗口。竺可桢觉得歌词比较难记，担心不宜传唱，觉得有必要改写，但大家又觉得，马老所写的歌词精神切合浙大的办学思想，经校务会讨论，一致意见为：待找人谱曲试唱后，再作决定。后来，竺可桢请音乐家应尚能为歌词谱曲。此后，浙江大学师生传唱这首校歌，弦歌不断，薪火相传。

马一浮

马一浮（1883—1967），字一佛，浙江绍兴人。1938 年 4 月，浙大师生西迁至江西泰和期间，马一浮应竺可桢校长之邀来校任教，开设“国学讲座”，并随校西迁至广西宜山。著《泰和会语》和《宜山会语》，并创作了浙大校歌，是浙大精神的阐释者。

应尚能

应尚能(1902—1973)，浙江宁波人。1930 年，任国立音乐专科学校教授。抗战爆发后，曾主持教育部音乐教育委员会实验巡回合唱团，并历任国立音乐学院、戏剧专科学校、社会教育学院教授。

【参考阅读】

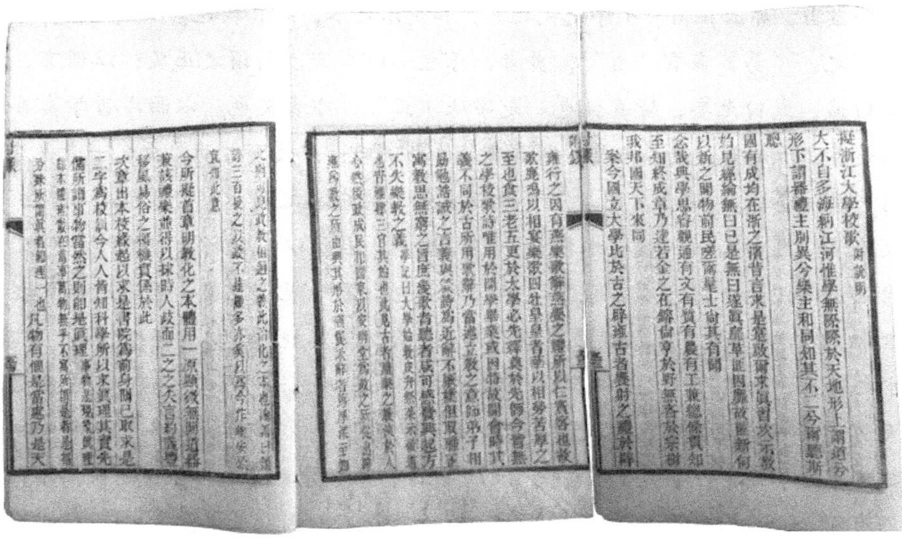
擬浙江大學校歌附說明

马一浮解释的浙江大学校歌内涵

今国立大学比于古之辟雍，古者飨射之礼于辟雍行之，因有燕乐歌辞。燕飨之礼，所以仁宾客也，故歌《鹿鸣》以相宴乐，歌《四牡》、《皇皇者华》以相劳苦，厚之至也。食三老五更于太学，必先释奠于先师，今皆无之。学校歌诗，唯用于开学毕业，或因特故开会时，其义不同于古所用歌辞。乃当述立教之意，师弟子相勖勉诰诫之言，义与箴诗为近。辞不厌朴，但取雅正，寓教思无穷之旨，庶几歌者、听者咸可感发兴起，方不失乐教之义。(《学记》曰：“大学始教，皮弁祭菜，示敬道也。宵雅肄三，官其始也。”此见古者礼乐之教，浃于人心，然后政成民和，国家以安。明堂为政之所从出，辟雍为教之所由兴，其形于燕飨歌辞者笃厚。深至如此，犹可见政教相通之义，此治化之本也。《论语》曰：“诵《诗》三百，授之以政，不达”，“虽多，亦奚以为？”今作乐安歌，宜知此意。)

今所拟首章，明教化之本，体用一原，显微无间，道器兼该，礼乐并得，以救时人歧而二之之失。言约义丰，移风易俗之枢机，实系于此。

次章出本校缘起，以求是书院为前身，闻已取“求是”二字为校训。今人人皆知科学所以求真理，其实先儒所谓事物当然之则，即是真理。（事物是现象，真理即本体。理散在万事万物，无乎不寓。所谓是者，是指分殊；所谓其者，即理一也。）凡物有个是当处，乃是天地自然之序。物物皆是当，交相为用，不相陵夺，即是天 地自然之和。（是当犹今俗言停停当当，亦云正当。）序是礼之本，和是乐之本，此真理也。（六经无真字，老、庄之书始有之。《易》多言“贞”，贞者，正也。以事言，则谓之正义；以理言，则谓之真理。或曰诚，或曰无妄，皆真义也。是字从“正”，亦贞义也。以西洋哲学真善美三义言之，礼是善，乐是美，兼善与美，斯真矣。《易》曰：“天下之动，贞夫一者也。”《华严》谓之一真法界，与《易》同旨。）故谓求是乃为求真之启示，当于理之谓是，理即是真，无别有真。《易》曰：校“水洊至，习《坎》。君子以常德行，习教事。”义谓水之洊至，自涓流而汇为江海，顺其就下之性而无骤也。君子观于此象，而习行教化之事，必其德行恒常，然后人从之。本校由求是蜕化而来，今方渐具规模，初见经纶之始，期其展也，大成如水之洊至，故用习坎之义。取义于水，亦以其在浙也。“无曰”四句，是诫勉之词，明义理无穷，不可自足，勿矜创获，勿忘古训，乃可日新。“开物成务”“前民利用”，皆先圣之遗言，今日之当务。（“前民”之“前”，即领导之意。）傅说之告高宗曰：“学于古训乃有获。”今日学子，尊今而蔑古，蔽于革而不知因，此其失也。“温故知新”可以为师教者，所以长善而救其失。此章之言丁宁谆至，所望于浙大者深矣。

末章之意与首章相应。首言体之大，末言用之弘。“念终始典于学”，是《说命》文。典者，常也。久于其道而天下化成，乃终始典学之效。成山假就于始篑，修涂托至于初步，要终者必反始，始终如一也。“思曰睿，睿作圣”，是《洪范》文。“观其会通，以行其典礼”，是《易·系辞》文。“知至至之，可与几也。知终终之，可与存义也”，《易·乾》文言文。“知至”即始条理事，“知终”即终条理事。“同人于野，亨”，《易·同人》卦辞。“同人于宗，吝”，《同人》六二爻辞。野者，旷远之地，惟廓然大公，斯放之皆准而无畛异之情，故亨。宗者，族党之称，谓私系不忘，则畛域自封，终陷褊狭之过，故吝。学术之有门户，政事之有党争，国际之有侵伐，爱恶相攻，喜怒为用，皆是“同人于宗”，致吝之道。学也者，所以通天下之志，故教学之道，须令心量广大，绝诸偏曲之见，将来造就人才，见诸事业，气象必迥乎不同，方可致亨。又今学校方在播迁之中，远离乡土，亦有“同人于野”之象。（大学既为国立，应无地方限制，若谓必当在浙，亦是“同人于宗”，吝道也。）然此之寓意甚小，无关宏恉，他日平定后还浙，长用此歌，于义无失。

又抗战乃一时事变，恢复为理所固然。学校不摄兵戎，乐章当垂久远。时人或以勾践沼吴为美谈，形之歌咏，以寓复兴之志，亦是引喻失义。若淮夷率服，在泮献功，自系当

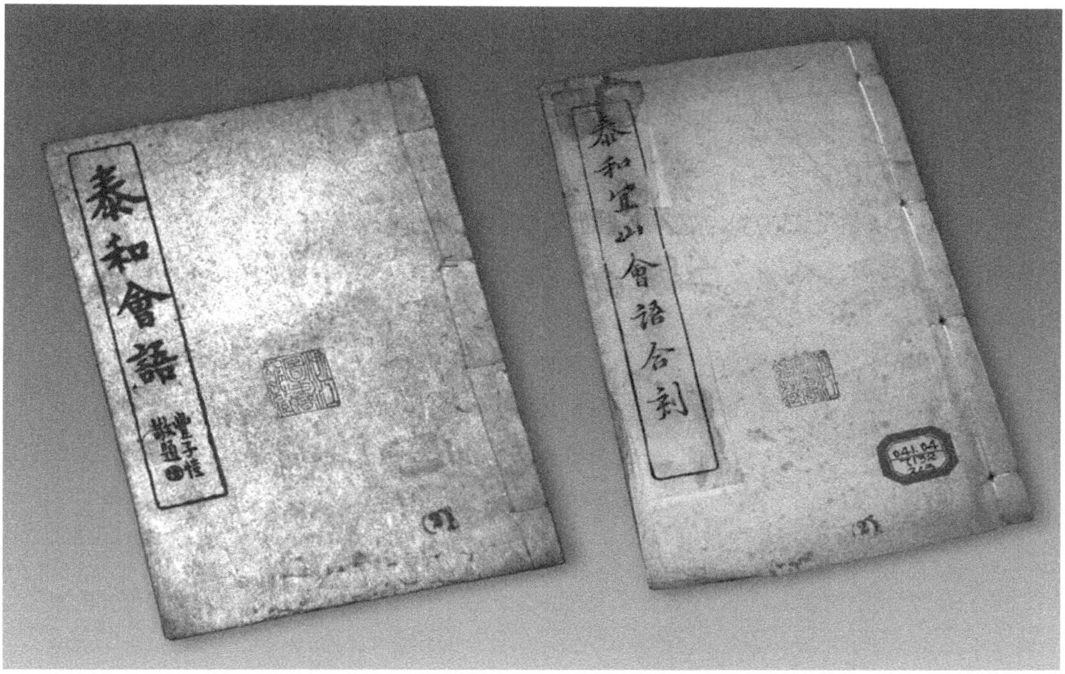

《泰和会语》和《泰和宜山会语合刻》书影

来之事，故抗战情绪不宜羼入歌辞。文章自有体制，但求是当，无取随人。歌辞中用语多出于经，初学不曾读经者，或不知来历，即不明其意义。又谱入曲调，所安声律亦须与词中意旨相应，故欲制谱之师于此歌辞深具了解，方可期于尽善。因不避迂妄，略为注释，如其未当，以俟知者。

——摘自马一浮《宜山会语》

【参考阅读】

忆宜山[1]

马一浮

宜州，山谷迁谪之地也。山郡荒陋，犹喜水石清峭。戊寅[2]秋冬间避地，自桂林徙此四阅月，曾买南郊茅屋以居，有红豆一树，老干繁枝，垂丹实如珠，惜被人伐。今闻虏骑遂已及此矣，感而有作。

昔住宜州日，南村暂结茅。
秋分今几载，胡虏已盈郊！[3]
行蚁犹穿穴，乌鸦不护巢。
龙江余石骨，红豆忆林梢。

将去宜州，留别诸讲友

马一浮

故国经年半草莱，瘴乡千里历崔嵬。
地因有碍成高下，云自无心任去来。
丈室能容师子坐，褒斜力遣五丁开。
苞桑若系安危计，绵蕞应培禹稷才。

---

[1] 此诗系作者离宜山数年后，闻日本军侵陷宜山县境时作。

[2] 戊寅：民国二十七年（1938 年）。

[3] 日本侵略军于 1944 年 11 月 14 日侵陷宜山城郊。

【参考阅读】

求是精神与牺牲精神

（1939 年 2 月 4 日）

■ 竺可桢

诸位同学：

诸君进到本校，适值抗日战争方烈，因为统一招生发表较迟，又以交通不便，以致报到很是参差不齐，比旧同学迟到了一个月，才正式开课。诸君到浙大来，一方面要知道浙大的历史，一方面也要知道诸位到浙大来所负的使命。

浙江大学本在杭州，他的前身最早是求是书院，民国纪元前十五年（一八九七年即光绪二十三年）成立，中经学制更变，改名为浙江大学堂、浙江高等学堂。到民国十年，省议会建议设立杭州大学，但迄未能实现，到民十六年国民革命军底定浙江，始能成立。合前浙江公立工业专门学校和公立农业专门学校而成，所以浙大从求是书院时代起到现在可说已经有了四十三年的历史。到如今“求是”已定为我们的校训。何谓“求是”？英文是 Faith of Truth。美国最老的大学哈佛大学的校训，意亦是“求是”，可谓不约而同。人类由野蛮时代以渐进于文明，所（倚）以能进步者全赖几个先觉，就是领袖；而所贵于领袖者，因其能知众人所未知，为众人所不敢为。欧美之所以有今日的物质文明，也全靠几个先知先觉，排万难冒百死以求真知。在十六世纪时，欧美文明远不及中国，这不但从中世纪时代游历家如马哥孛罗到过中国的游记里可以看出，就是现代眼光远大的历史家如威尔斯，亦是这样说法。中世纪欧洲尚属神权时代，迷信一切事物为上帝所造，信地球为宇宙之中心，日月星辰均绕之而行。当时意大利的布鲁诺（Bruno）倡议地球绕太阳而被烧死于十字架；物理学家加里奥（Galileo）以将近古稀之年亦下狱，被迫改正学说。但教会与国王淫威虽能生杀予夺，而不能减损先知先觉的求是之心。结果克卜尔（Kepler）、牛顿（Newton）辈先后研究，凭自己之良心，甘冒不韪，而真理卒以大明。十九世纪进化论之所以能成立，亦是千辛万苦中奋斗出来。当时一般人尚信人类是上帝所创造，而主张进化论的达尔文（Darwin）、赫胥黎（Huxley）等为举世所唾骂，但是他们有那不屈不挠的“求是”精神，卒能得最后胜利。所谓“求是”，不仅限于埋头读书或是实验室做实验。求是的路径，中庸说得最好，就是“博学之，审问之，慎思之，明辨之，笃行之”。单是博学审问还不够，必须审思熟虑，自出心裁，独著只眼，来研辨是非得失。既能把是非得失了然于心，然后尽吾力以行之，诸葛武侯所谓“鞠躬尽瘁，死而后已”，成败利钝，非所逆睹。我再可以用历史上事实来做几个笃行的引证。十六世纪时，一般人士均信地是平的，地中海是在地之中，所以叫地中海。意大利人哥伦布（C. Columbus）根据希腊哲学家的学说，再加上自己的研究，相信地是圆的；他不但相信，而且能根据他的信仰以达到新大陆。哥伦布的一生梦想就是想到新大陆。但意大利王和欧洲一般人都不热心，最后还是西班牙王给他钱，装了三船的囚犯，向大西洋冒险出发，卒达美洲，这才可称为“求是”。中国的往史，不乏这样例子，最近的就是中山先生。满清以数百万文化低落游牧部队，灭亡明朝，奴使汉族，以少数制多数，以低文化的民族，来压迫文化高的民族，这是不得其平。但一般人都不敢讲，若有人敢提到兴汉灭满，就是极大的危险。雍正、乾隆两代文字狱是一个明证，至于实行革命，更是难能。唯有中山先生不但鼓吹革命，而且实行革命，这革命精神，正是源于求是的精神。

浙江大学原在杭州。诸位到过杭州的，晓得杭州苏堤南端有一古墓，是明末张苍水先生（名煌言）的墓。自李闯入京，崇祯缢死煤山，吴三桂请清兵入关。张苍水是宁波一举人，明亡屡起义兵，及鲁王亡，张名振亦殁，而郑成功居海上抗清，受桂王册封，公亦遥奉桂王。其时桂王已势衰走云南，清军方致力于西南。张公遂乘机和台湾郑成功联军攻长江，下芜湖等二十七州县，从镇江直逼南京，以成功轻敌深入，败于南京。公知事不可为，乃潜居于南田小岛上，为汉奸所卖被逮，劝降臣不屈，从容就义于杭州。他给劝降的赵廷说道：“盖有舍生以取义，未闻求生以害仁。”又说道：“义所当死，死贤于生。”像张苍水这样杀身成仁，也是为了求是。

以上是讲到浙大校训“求是”的精神，这是我们所悬鹄的，应视为我们的共同目标。其次就要讲诸位到本校来的使命。在和平时期我国国立大学每个学生，政府须费一千五百元的费用。在战时虽是种种节省，但诸位因沦陷区域接济来源断绝的同学，还要靠贷款来周济，所以每个学生所用国家的钱，仍带一千元左右。现在国家财源已经到了极困难的时候，最大的国库收入，以往是关税，现在大为减色。其次盐税，因为两淮和芦盐区的陷落，以及两浙两粤交通的不方便，亦已减收大半。在这国家经费困难的时候，还要费数百万一年的经费来培植大学的学生，这决不是仅仅为了想（把）[让]你们得到一点专门学识，毕业以后可以自立谋生而已。而且现在战场上要的是青年生力军，不叫你们到前线去在枪林弹雨之中过日子，而让你们在后方。虽则各大学校的设备不能和平时那样舒服，但是你们无论如何，总得有三餐白饭，八小时的睡眠，和前线的将士们不能比拟。就和我们同在一地的军官学校的学生相比，也要舒服多了。他们常要跑到野外练习战术，有时四十八小时没得睡眠，整个白天没得饭吃，行军的时候，一天要跑到一百二十里，背上还要负荷二三十斤的粮食军需。国家既如此优待诸君，诸君决不能妄自菲薄，忽视所以报国之道。国家给你们的使命，就是希望你们每个人学成，以将来能在社会服务，做各界的领袖分子，使我国家能建设起来成为世界第一等强国，日本或是旁的国家再也不敢侵略我们。诸位，你们不要自暴自弃说负不起这样重任。因为国家用这许多钱，不派你们上前线而在后方读书，若不把这种重大责任担负起来，你们怎能对得起国家，对得起前方拼命的将士？

你们要做将来的领袖，不仅求得了一点专门的知识就足够，必须具有清醒而富有理智的头脑，明辨是非而不徇利害的气概，深思远虑，不肯盲从的习惯，而同时还要有健全的体格，肯吃苦耐劳，牺牲自己努力为公的精神。这几点是做领袖所不可缺乏的条件。去年英国全国学生联合会，在诺亭亨（Nottingham）开会，他们报告已经出版，在新出的《民族》杂志上，就有一篇简单的节略。从这报告可看到英国的学生觉到，在现时欧洲群雄争长，有一触即发之势。他们所需要，第一是专门技术，使他们一毕业即在社会上成为有用的分子；第二是要（养）成清醒头脑，对于世界大事有相当认识。这固然是不错的，但我以为第三点要能吃苦耐劳和肯牺牲自己，是更不可少的要素。去年九月的明兴（München）[慕尼黑]会议就可以作一个很好的例子。明兴会议的结果，无疑的是希特勒很大的成功，而是英法两国的可耻的失败，白白牺牲了英法的与国捷克斯拉夫。但是为什么英法尤其是英国会甘心屈服的呢？一般人以为英法俄捷四国合起来的军备不及德意两国，这是大大不然。据去年十二月份《十九世纪》*（The Nineteenth Century）*杂志上沙卜德少校所发表的统计，就可知欧洲各大国陆军数如下：

国别	常备军	后备军
德国	一，〇〇〇，〇〇〇	二，〇〇〇，〇〇〇
意国	五〇〇，〇〇〇	一，〇〇〇，〇〇〇
法国	六六〇，〇〇〇	五，〇〇〇，〇〇〇
捷克	七五〇，〇〇〇	二，〇〇〇，〇〇〇
英国		一，〇〇〇，〇〇〇
俄国	一，三三〇，〇〇〇	一四，〇〇〇，〇〇〇

海军则英国三倍于德意志，而意国海军尚不及法，俄国姑不论。空军则战争开始，德国可出三千架飞机，意大利二千五百架，后备者两国合计约三千架，而英法俄最初即可加入七千架，后备三千架。英法既在海陆空三方都占到绝对优势，何以张伯伦会忍耻受辱作明兴之盟。果然如沙卜德所云，德国可以于三个月内征服捷克，而英法俄三国均鞭长莫及。

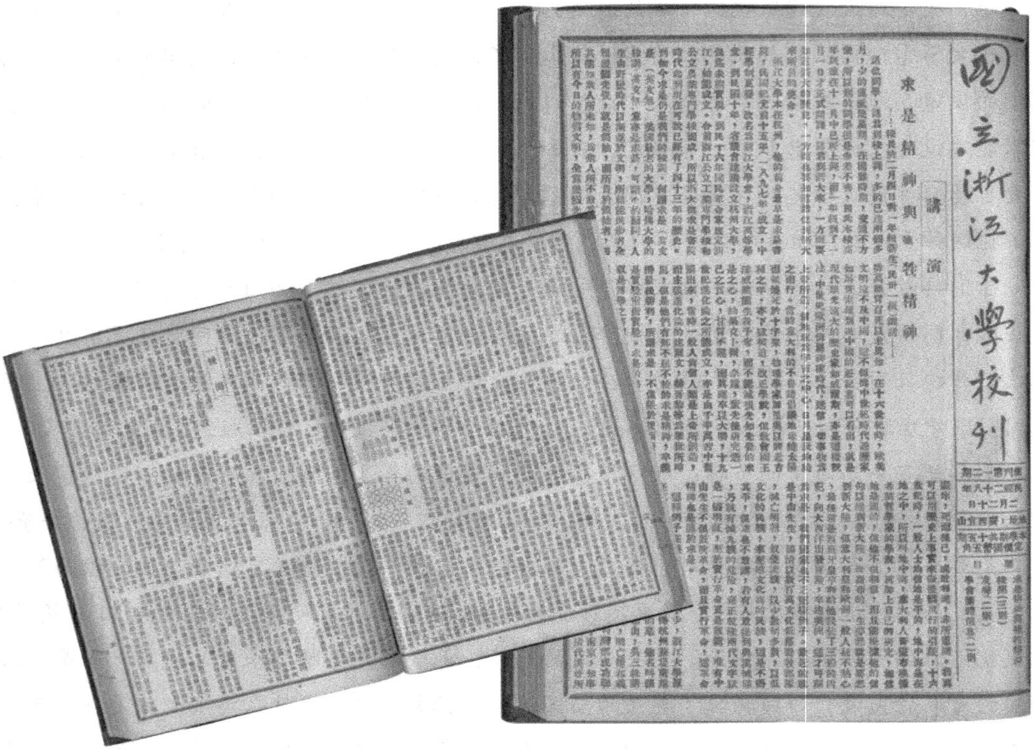

《国立浙江大学校刊》（1939年2月20日）

因为俄国须取道于罗马尼亚或波兰，而英法欲救捷克，则非征服德国北部不可，但如假以时日，英法终能取得最后之胜利。而为什么英法竟至屈服，甘弃捷克于不顾呢？这是很显明的，由于英国保守党和一般有资产阶级的人们不肯牺牲自己的安全恬适的生活，来为国家保持威信。所以当八月间欧洲各国剑拔弩张一触即发的时候，英法诸国统下了动员令，起初民气很激昂，但不久因为母别其子，妇别其夫，物价高涨，儿童防德国飞机来袭统移乡下去。一般人民眼看到伦敦、列物浦纸醉金迷笙歌太平的世界，一刹那间就要变成德国飞机轰炸的目的物，于是不到两星期民气就消沉下来。所以等到张伯伦从明兴得到和平回来，英国人民如释重负，甚至感激流涕，而大英国的威信如何，在所不顾了！法国威根将军说，德国这样狂妄自大，着实可恶，而其人民之能万众一心，公而忘私，却值得法国人之钦佩与模仿的。所以做领袖的人物，不但要有专门技术，清醒头脑，而且要肯吃苦，能牺牲一己，以卫护大众与国家的利益。中国现在的情形，很类似十九世纪初期的德意志。德意志自从大腓特烈（Frederick the Great）为国王以后，渐有国家的观念。不久法国拿破仑当国，自从 1766（1799）—1810 年十余年间侵略德意志，得寸进尺，不但尽割莱茵河以西之地，并且蚕食至于易北河以西沿海一带尽归法国之版图。爱国志士如费希德（Fichte）等，大声疾呼，改良德国教育制度，废除奴籍，整顿考试制度，卒能于短期间造成富强统一之德意志。费希德在其告德意志民众的演说中有云："历史的教训告诉我们，没他人，没（有）上帝，没有其他可能（的）种种力量，能够拯救我们。如果我们希望拯救，只有靠我们自己的力量。"诸位，现在我们若要拯救我们的中华民国，亦惟有靠我们自己的力量，培养我们的力量来拯救我们的祖国。这才是诸位到浙江大学来的共同使命。

——摘自《国立浙江大学校刊》复刊第 12 期（1939 年 2 月 20 日）

西迁时期的竺可桢

【参考阅读】

…… 浙江大学承数十年的积绪，经许多前人的努力，造成今日的规模，固然是一件不容易的事情，而其藉历史与环境而造成的优良学风——醇厚朴质、勤学敦行、忠诚纯洁的学风，更是一种无价之精神的财产。数年来因时代的转移，环境的变迁，在外铄上不免多少受着不利的影响，而使所要应付的问题，比从前更为复杂。可是以往的良好学风，经多年的培植，有深厚的基础，至今已蔚成一种伟大的力量，决非易受外来变化的摧残。浙大最近已定“求是”二字为校训，此不仅在学校历史上有所根据（浙大最早的前身为清季之求是书院），而且在智识的探求与人格的培养上，俱足为最高的准绳。竺校长自长校以来，时以科学精神、民族思想为全校倡导。常举我国先儒之富贵不能淫，贫贱不能移，威武不能屈的精神，与西洋科学家反抗权威与力求真知之精神相印证；以为布鲁诺、加里奥、达尔文、赫胥黎诸人之反抗教会，倡言科学真理之“求是”精神，正符于不移不屈之旨，亦犹王阳明先生所谓“君子之学惟求其是”的意思；与中国先哲笃学力行之精神相合契；就是中国历代受外族侵入时先烈之成仁取义，也正发于此同样的笃信“求是”之精神。他时常诏人以注意理智，运用自己的思想，发挥“明是非，不计利害”的精神；因此认为“求是”二字不仅是力求高深智识之基本准则，也是培成健全人格之有力启示，更可说是发扬民族精神之一种根本动力。在这国家危难、学府播迁之中，我们对于在现代世界力争生存之条件，应作更深的考量与努力：亦惟在此经历艰苦动心忍性的环境之中，正是我们锻炼培成此“求是”精神之最好时机。我们深信近两年来的努力，正是向着此一目标而行进。我们更相信浙大在此期间，仍能保持发扬其以往学风之优点，且正在增益其从前有所未逮之要素，而以此“求是”的精神贯穿纲维之；待战后迁回浙江原址，必能造成一番崭新的、更健全的学风，以负起我们新的时代更伟大的使命。

——摘自李絜非《浙江大学西迁纪实》（1939 年 6 月）

第五章

战时教学

浙江大学在西迁过程中，始终高度重视教学，努力提高教学质量。迁校过程中每到一地，稍事安顿就上课。全校师生加班加点，认真教学，弥补迁徙中损失的时间，缩短寒暑假也要补足课时。各系都有资料室和实验室，师生养成勤于实验之风。物理、化学等系自制暗室和感光胶，自己动手吹制玻璃用具，甚至在烈日下工作，利用阳光做实验。生物系和农学院各系用油纸代替玻璃建造温室，用竹竿做导管，用木桶过滤取得净化水等等，师生克服种种困难，去完成科学实验。西迁过程中，印刷和纸张都十分困难，但学校还是尽力保证各种刊物的出版，其中定期的如《国立浙江大学季刊》《科学报告》等，不定期的如《机械工程》《电子工程》等，发表了浙大师生许多具有学术价值的科学论著，充分反映了浙大当时科研领域之广、成果之多。

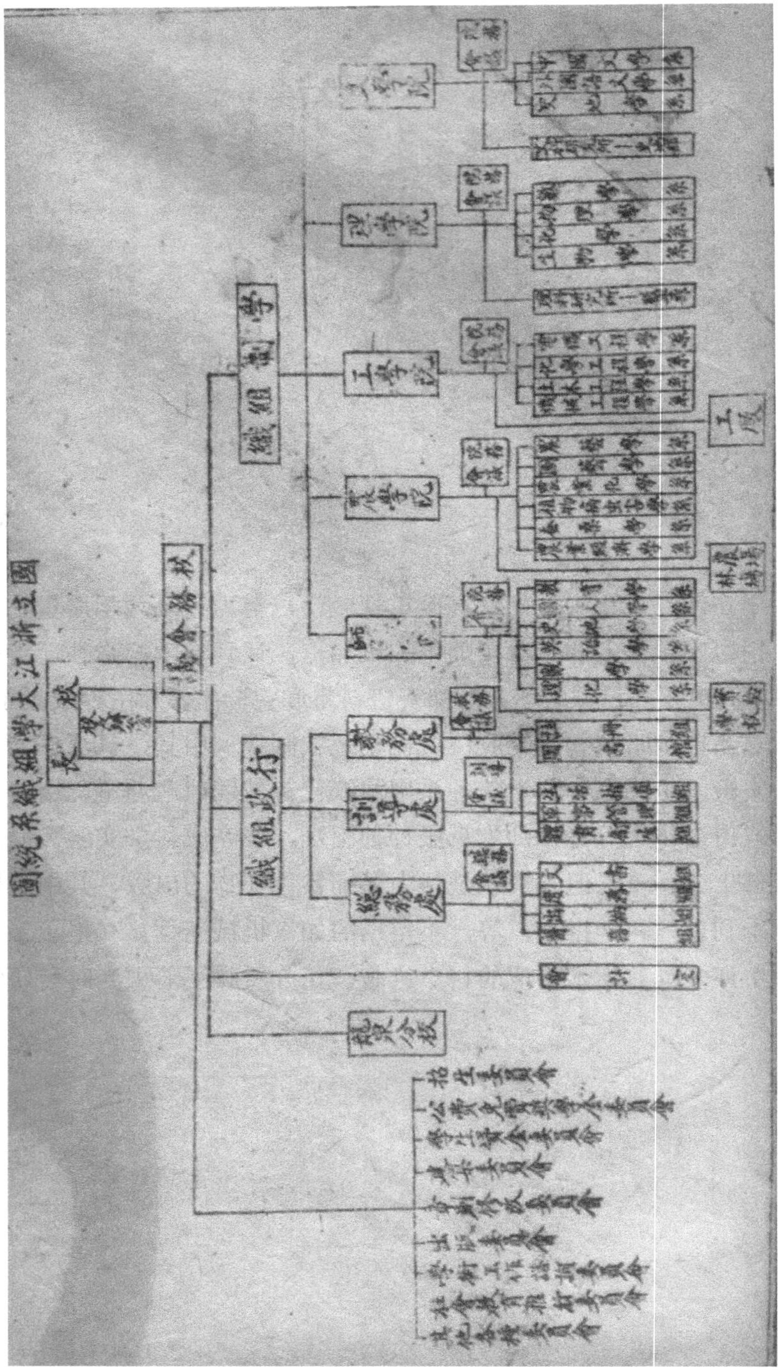

浙江大学1940年组织系统图（刊于1940年8月《国立浙江大学校刊》）

（一）毕业生

竺可桢出任浙大校长后，以培养“公忠坚毅、担当大任、主持风会，转移国运的人才”为办学目标，施行教授治校、民主办学的办学方针，凝聚了苏步青、王淦昌、贝时璋、谈家桢等一大批颇负声望的学者。雄厚的师资力量，为浙江大学的人才培养奠定了坚实的基础。

在西迁办学过程中，浙江大学始终重视教学，弦歌不辍。不仅学校院系规模增加，在校教授、副教授人数由 1936 年的 70 人增加到 200 余人，在校学生人数也由原来的 600 余人增加到 2000 余人。在烽火硝烟中浙江大学不但没有因为环境恶劣、条件艰苦而使办学受到影响，反而精英辈出，成绩斐然。历年培养的毕业生仅在遵义时期就多达 1800 多人，更培养出李政道、程开甲等一大批在国内外具有影响力的杰出人才，创造了中国近代高等教育史上的奇迹。

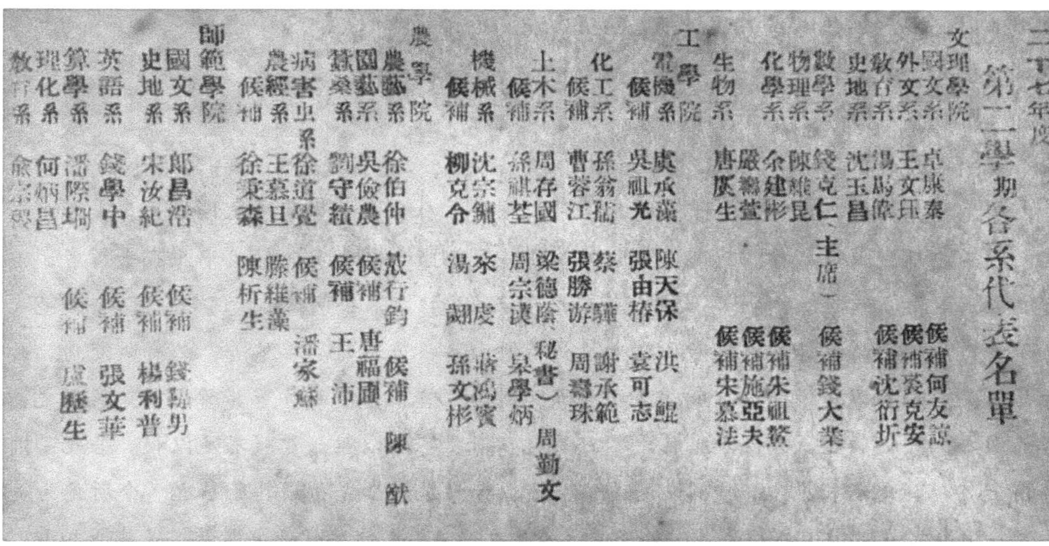
二十七年度
第二學期各系代表名單
文理學院 國文系 外文系 教育系 史地系 數學系 物理系 化學系 生物系
卓康泰 王文琪 湯馬偉 沈玉昌 錢克仁（主席） 陳維昆 佘建彬 嚴[illegible]萱 唐[illegible]生
候補 何友諒 候補 裘克安 候補 沈衍圻 候補 錢大業 候補 朱祖蓄 候補 施亞夫 候補 宋慕法
工學院 電機系 化工系 土木系 機械系
虞承藻 吳祖光 陳天保 張由椿 候補 洪鯤 候補 袁可志
孫翁[illegible] 曹蓉江 蔡驊 張勝游 候補 謝承範 候補 周壽珠
周存國 孫祖荃 梁德蔭（秘書） 周宗謙 候補 周勤文 候補 臬學炳
沈宗[illegible] 柳克令 來虔 湯翮 候補 蔣鴻賓 候補 孫文彬
農學院 農藝系 園藝系 蠶桑系 病蟲害系 農經系
徐伯仲 候補 蔡行鈞 候補 陳猷 吳俊農 候補 唐福圃 劉守績 候補 王沛
徐道覺 候補 潘家蘇 王嘉旦 滕維藻 候補 徐秉森 陳析生
師範學院 國文系 史地系 英語系 數學系 理化系 教育系
郎昌浩 候補 錢福男 宋汝紀 候補 楊利普 錢學中 候補 張文華 潘際坰 候補 盧歷生 何炳昌 俞宗[illegible]

浙江大学 1938 年度第二学期各系代表名单

【参考阅读】

赠浙江大学毕业诸生序

■ 马一浮

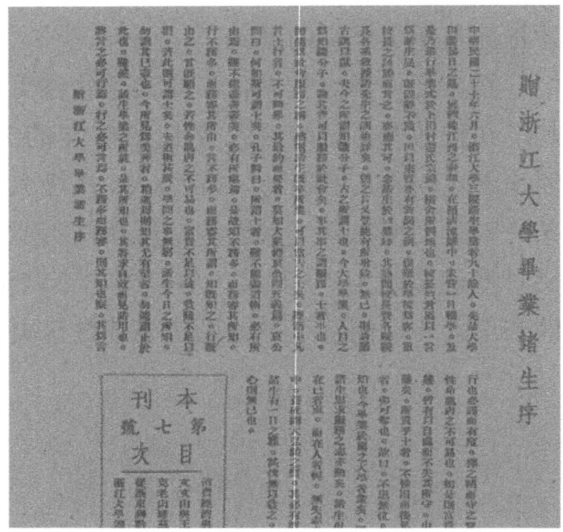

贈浙江大學畢業諸生序

中华民国二十七年六月，浙江大学三院诸生毕业者九十余人。先是，大学因避暴日之乱，展转徙江西之泰和。在颠沛流离中，未尝一日辍学，及是乃举行毕业式于上田村萧氏宗祠，横舍所假地也。校长竺君属以一言为诸生勖，既固辞不获，因以来宾亦有致词之例，仆虽于学校为客，重校长之諈诿而言之，亦庶其可。念诸生于肄业时，其熟闻校长暨各院院长、各系教授、诸先生之训迪详矣，仆之言，又岂能有所增益？无已，则请诵古训以献。

夫今之所谓知识分子，古之所谓士也。今大学毕业，人目之为知识分子，论其资可以服务于社会矣。事其事之谓服务。士者，事也，即能为社会服务之称。然则诸生既卒所业，可以当古之士矣。经籍中凡言士行者，不可胜举，其最约而要者，莫如《大戴礼·哀公问五义篇》。哀公问曰："何如斯可谓士矣？"孔子对曰："所谓士者，虽不能尽道术，必有所由焉；虽不能尽善尽美，必有所处焉。是故知不务多而务审其所知；行不务多而务审其所由；言不务多而务审其所谓。知既知之，行既由之，言既顺之，若性命肌肤之不可易也。富贵不足以益，贫贱不足以损。若此，则可谓士矣。"夫道术甚广，学问之事无穷，诸生今日之所知，勿谓其已尽也。今所见为美善者，稍进焉，则知其尤有至者，勿遽谓止於此也。虽然，诸生学业之所就，是其所知也，其将求自效而见诸用也，将言之必可行焉，行之必可言焉。不务多而务审，则其知也察，其为言行也必谨而有度。择之精而守之笃，乃有以自足乎已而弗迁，故曰"若性命肌肤之不可易也"。如是则富贵贫贱不足以挠其志，推而至于夷狄患难，皆有以自处而不失其所守，由是而进于道术，以益臻乎美善之域不难矣。所贵乎士者，不惟用而后见其所学，虽曰弗用，其学之足以自立者，弗可夺也。故曰："不患无位，患所以立。""不患人之不已知。""求为可知也。”今毕业于国之大学者众矣，国家方当危难之时，其需材也亦亟矣，诸生思求服务之志亦勤矣。诸生但求无负其所学而不期其必用，斯其在己者重而在人者轻，无失志之患而有进德之益，在艰苦蹇难之中养成刚大弘毅之质，其必有济矣。此今日凡为士者所当勉也。

幸与诸生有一日之雅，甚愧无以益之，举斯言以为赠，言虽约，其爱诸生之心则无已也。

——摘自《马一浮全集》第一册（2013 年 1 月）

任教于浙大的马一浮（左）

浙江大学1938届学生毕业典礼合影（1938年6月摄于江西泰和，这是浙大西迁后的第一届毕业生）

【参考阅读】

大学毕业生应有的认识与努力

（1938 年 6月26日）

■ 竺可桢

诸位同学，今天是本校举行第十一届毕业典礼，正值倭寇猖獗万方多难的时候，诸位毕业生初入社会，就遇到国难，因此诸位的责任，就格外的重大。我们晓得范文正公为秀才时，即以天下为己任。现在诸位离校以后，每个人也应该以使中华民族成为一个不能灭亡与不可灭亡之民族为职志。目前虽然敌人炮火飞机连续的天天轰炸，我们前方将士们仍能奋勇杀敌，前仆后继，这种精神，就是我们民族的新精神，这新精神是铁血铸成的。从前战国的时候，秦国是有名强暴的国家，他把韩、赵、魏、齐、楚、燕一个一个的并吞。当时有句童谣，叫“楚虽三户，亡秦必楚”。据《史记》太史公的解释，以为秦灭六国，楚最无罪，怀王入关，为秦所杀，楚人哀之，故亡秦必楚。这话是不对的，国之兴亡不能以其君主之如何被杀来断定的。楚之所以能复兴，乃是因为当时楚之民族奋发有为，自强不息有以促成之。只要看当时，几个伟大人物如汉高祖、楚霸王、韩信统是楚人，巨鹿之战，各国诸侯兵皆作壁上观，惟有抱破釜沉舟之楚兵，始能以一当十，击败秦人。这都是表示楚之民族是可有作为的民族，不是一个堕落的民族。最近德意志虽经欧战败迹，而不出二十年，一跃而又成为欧洲的盟主，乃是德意志民族刚毅不屈的精神。所以中华民族只要能自强不息，奋发有为，日本虽如何强暴，如何诡计多端，亦徒见其心劳日绌，而不能成功。我希望诸位到社会作事，能够把这自强不息，奋发有为的精神，传播于各村乡、各城市、各机关去。

其次，诸位在校四年，所得于学校及诸位老师之益不少，但同时不可以不知中国现行学校制度之缺点与优点，而对于缺点尤其应该知道。惟知道缺点方能谋补救之方。许多人常以学校培植学生和工厂制造物品相比，毕业生没有出路好像是工厂出品无处可销。这比喻有很重要一点根本不合。工厂出货无论是一部汽车、一只表或是一个铁钉，总是出厂的时候最适用。等到旧了，表会停、汽车会抛锚、铁钉会生锈，毕业学生，可不能一离校就天天腐化下去。他必得在学校的时候，已经有一种内在力，使其出校门后能利用其思想以增加智识经验，锻炼身体品性，使学问道德又日新日日新。有若干教育家以为现代的学校，是教而不育，即是专重智识的传授而缺乏道德的修养。因此也就有许多人赞成恢复从前的书院制度。但即以智育一端，现行制度亦有重大缺点，即专重智识的传授而不注重训练智慧。过重于用授课方法来灌输各国学者已发明的事实，而对于思想的训练方面全未顾及。《中庸》有云："博学之，审问之，慎思之，明辨之，笃行之。"宋程伊川说道："为学之道，五者缺一不可。"但实际现在大学能行到博学、审问已经算好的了。现在各大学统以读满多少学分即算毕业，这种制度的弊端到了极点，变了北京填鸭式的教育。孔子教人"不愤、不启、不悱、不发"。程子解说道：学者须是深思，思而不得然后为他说便好。伊川大弟子尹彦明（惇）见伊川半年，方得《大学》和《西铭》看。这好像新生到校第一学期，不叫他上课，先看其人志趣如何，到第二学期方给他两本书看。有人问朱子此意如何。朱子答道也是叫他自就切己处思量。在杜威（John Dewey）所著的 *How We Think*（*1933 Ed. P.257*）讲到如何能使学生接受各种智识不像囫囵吞枣的咽下去。他的第一个条件是教师所供给的材料必是学生所期望而切实有需要的，第二是能有刺激性而使学生觉得尚有改进之可能的。若是老师铺陈事实时使学生得一印象，以为这个问题已经许多学者的研究，已如《吕氏春秋》一字不得增减时，其结果学生但可接受而无自动思想之能力。所以程子说学者要先会疑，他又说"学原于思"。二十年前有一次哈佛大学校长 Lowell 召集一年级学生讲话，他说你们不要过信老师所讲的话，以为金科玉律不能变动的。这话初听很足惊异，但其实理由是很明显的。以物理学而论，四五十年前当 Lord Kelvin 最有权威的时候，那时物理学家以为所有物理学上重要的学理已经发挥无余，但不久 Curie 镭的发明、Roentgen X 光的发明，使物理学上思想大起变化。从前所谓 Law of Conservation of Energy 能力 [能量] 不灭、Immovability 物质不变诸定例，到现在统须加以重新估计了。所以现在我们教科书上有许多定例，安晓得二三十年以后，不被推翻吗？

中国古代虽无近世的实验科学，但是南宋理学家的思想，却是很科学的。近世科学均推培根（Francis Bacon）为鼻祖，培根距今不过三百年。他和明朝徐光启是同时，小徐光启一岁，世人之推他为科学鼻祖，是因为他是第一人提倡归纳法（inductive method），同时注重实验。程子的格物致知实在也是归纳法，如（他答）或问："格物须物物格之，还 [是] 只格一物而万理皆知？"答曰："怎得便为贯通，须是今日格一件，明日格一件，积习既多，然后恍然自有贯通处。"又道："一草一木皆有理，须是察。"这所讲就是归纳法。察就是观测。所谓归纳法也者，无非从许多观测的事物，寻求一个公共原则，是为定例。定例既立，然后由定例以推同样事情的归宿，是为演绎法。如 Euclid 几何定例的推演即是。或问程子曰："如何是近思？"他答道："以类而推"，就是演绎法。宋代程朱之学确有科学见地。朱子对于进化论，对于化石，对于雷雨的解释，与近代科学的解释甚相吻合，但是所差有一点，就是并无所谓实验。据杜威说，实验者乃是依据一种理论而设计之观测，近世科学以实验为最要之工具。〈陆九渊〉[王阳明]嘲笑朱子的致知格物，说他照朱子办法，坐在竹子旁边去格竹子的物，结果坐了十天，人几乎病倒了而不能格得一个道理出来，这就是因为不知实验的缘故。广东岭南大学的植物教授 Prof. Miclure，他化了十几年功夫，把世界所有竹子五百几十种，统种在岭南植物园里，天天观测，数年以后，竹子的性质统被他弄明白了，这才配称格竹子的物。所以实验是近世科学的特长，为中国所无的。至于科学方法即是归纳法与演绎法，以及学者之须善疑，之须深思，则程朱既已倡之于千年以前矣。七八年前国际联盟派了几位教育专家，法国的 Langevin、英国的 Jawney、德国的 Becker 和波兰的 Falski 等来华考察教育，回欧以后，出了一个报告：The Report of the League Of Nation's Mission of Educational Experts of China。其中，有一句话很值得我们注意的。他们说中国一般人士以为欧美的文明，是受近代科学发达之赐，所以中国只要应用欧美的科学技术，就立刻会把中国跻于欧美文明的水平线上，这种观念是错误的。欧美的科学技术，并不能产生现代欧美文明，倒是欧美人的头脑，才能产生近代科学。换而言之，若是一般国人无科学头脑，则虽满街引擎，遍地电气，科学还是不能发达，好像沙漠里虽移植新鲜茁壮的果树，其萎谢可立而待。我们用许多金钱去买飞机、无线电、电机引擎到一个没有科学头脑的国家，正好像移植果树到沙漠而希望其蕃生。我们一般人的无头脑，可以从一般人的轻信和盲从看出来。民国二十年，山东乡人梁作友冒称富翁，欲捐巨款与政府，一时社会人士多以上宾相看待；"一二八"（时代）[事变]日本白川大将被击死的谣言，更哄动一时，甚至各地结队游行，放炮庆祝。到了去年卢沟桥事件发生，神圣抗战开始，各种无稽的谣言更是层出不穷。一般没有受过教育的人们的一味盲从，尚无足怪，所可痛恨者，就是许多受过高等教育自命为智识阶级的人们也毫无常识的一唱百和，这是中华民族前途最危险的一桩事。推究原因，大学里专重传授智识而不训练智慧是最重要的一个。诸位毕业离校以后，若要发扬光大你们的学问道德，必得能深思、能善疑，利用实验方法来解决问题，要晓得天下事不进则退，不能发扬光大就是腐化。最后，诸位毕业以后，就得寻一个职业，在这国难严重的时候，许多工厂学校已被毁于敌人炮火之下，机会比平时尤难。望诸位就事，不求地位之高，不谋报酬之厚，不惮地方的辽远和困苦，凡是吾人分内所应该做的事就得去做。新毕业的人，一进社会，就一跃而做一个机关的最高职员，不熟悉机关的内容，不能与下级职员同甘苦，则日后必致失败。俗语有句话说道："吃得苦中苦，方为人上人。”孟子有曰：“故天之将降大任于斯人也，必先苦其心志，劳其筋骨，饿其体肤，空乏其身，行拂乱其所为，所以动心忍性，增益其所不能。”（《告子》篇）现在救国的责任，已在诸君身上，希望大家能担当起来。

——摘自《竺可桢全集》（第二卷）（2004 年）

浙江大学农学院 1939 年毕业同学合影（摄于宜山标营农场）

浙江大学 1940 届全体学生合影（1939 年 11 月摄于广西宜山）

浙江大学 1940 届学生名单（自左至右）

前排 24 人：

俞有禄　刘守绩　吴祖基　徐伊伯　汤冠雄　阳　章　宋慕法　周宗汉

施履吉　席连之　冯绍昌　张直中　虞德麟　潘家苏　吴祖光　（不详）

顾乃亨　朱维藩　（不详）　孙林宗　朱昭锷　（不详）　赵人龙　张鸿谟

第二排 31 人：

季景元　白正国　冯　慧　卜　方　李秀云　庆善卿　周瑞华　黄佩文

曹萱龄　陈湘芸　范文涛　刘玲菊　李水娟　虞承藻　吴祖亮　谢　汶

（不详）　方重寿　（不详）　（不详）　陈伯平　徐嘉淼　龚先芬　（不详）

（不详）　刘　泰　余学熙　（不详）　（不详）　（不详）　杨平澜

第三排 31 人：

（不详）　金礼枢　吴廷璎　张哲民　曹景熹　沈玉昌　周竞之　沈文宝
王德昌　汤　翊　王兴蔚　（不详）　钱大业　（不详）　孙翁儒　陆颂强
张胜游　李志超　（不详）　施三元　（不详）　张志辉　（不详）　胡泰成
（不详）　张　磐　（不详）　（不详）　孙槐生　来　虔　史汝楫

后排 37 人：

任传丰　徐伯仲　胡传扬　陈洪达　王铨茂　罗经材　严寿萱　孙文彬
李成章　朱希侃　徐　龙　王章麟　盛家廉　许丕泉　李名聪　（不详）
陆以楚　（不详）　（不详）　吴守一　陈德植　孙新传　汤兰九　王参元
汤永谦　谢承范　董维宁　洪　鲲　石　瑛　汪　达　周邦立　陈家谟
吴廷琦　张　煜　（不详）　王家珍　黄存正

浙江大学1940届毕业典礼摄影（1940年8月摄于贵州遵义）

浙江大学农学院师生联欢暨欢送1940届毕业生大会合影（1940年7月摄于贵州湄潭）

浙江大学土木系1940届毕业生临别留念（竺可桢题字）

浙江大学1941届学生毕业摄影纪念（摄于1941年7月13日）

浙江大学化学系 1941 届毕业生合影（摄于贵州遵义）

浙江大学土木系 1941 届毕业生合影

浙江大学工学院机械工程学系 1941 届毕业同学合影

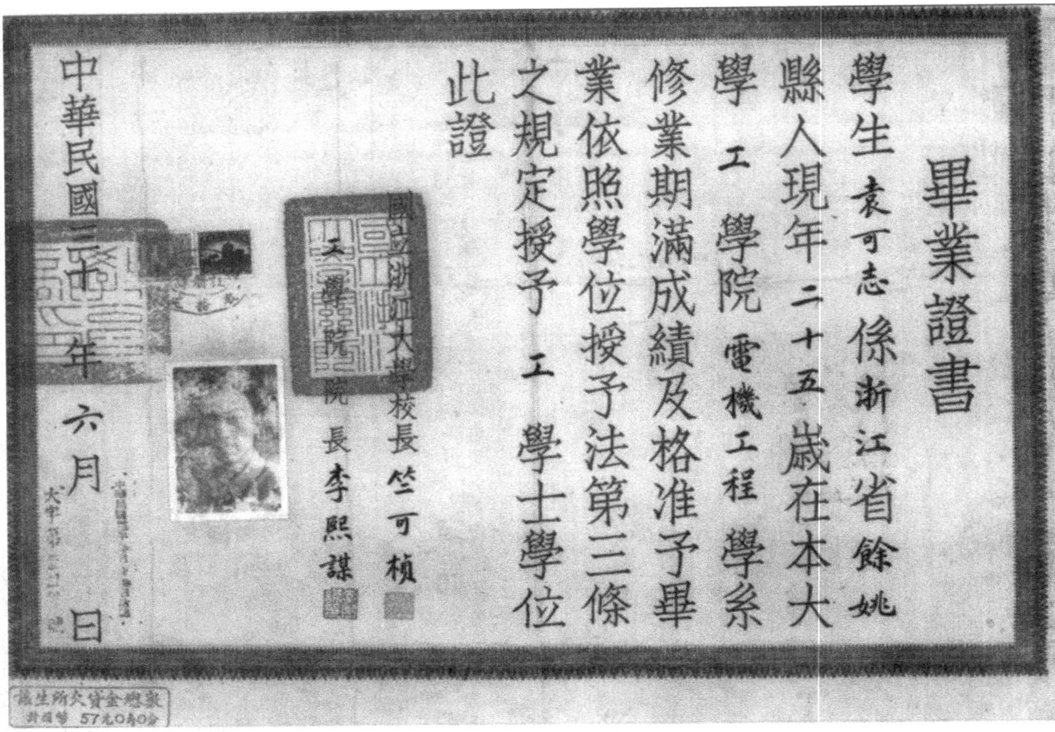

畢業證書

學生袁可志係浙江省餘姚縣人現年二十五歲在本大學工學院電機工程學系修業期滿成績及格准予畢業依照學位授予法第三條之規定授予工學士學位

此證

國立浙江大學校長竺可楨

工學院院長李熙謀

中華民國三十年六月日

浙江大学工学院电机工程学系1941届毕业生袁可志的毕业证书（这张历经抗日烽火洗礼的浙大毕业证书，由于保护得极为细心，纸质依然平整厚实，照片和字迹也仍很清晰。盖有国立浙江大学关防印和教育部钤印，证书还贴有民国时期的印花税票）

1940年袁可志在遵义

浙江大学 1942 届毕业典礼摄影（1942 年 7 月摄于贵州遵义）

浙江大学农学院 1942 届毕业同学全体合影（摄于 1942 年 5 月 25 日）

浙江大学毕业生在遵义文庙合影（摄于 1942 年）

浙江大学机械工程学系1942届全体同学合影（1942年1月摄于贵州遵义）

浙江大学电机工程学系1942届全体同学合影（1942年3月摄于贵州遵义）

遵义浙江大学温州同学会欢送毕业同学留影（摄于 1943 年 5 月）

浙江大学电机系 1943 届全体同学合影（摄于贵州遵义）

1944 年，浙江大学作物学会师生欢送毕业会友留影（前排右起：刘泰、陈裕明、金逸民、朱德琳、金城、孙逢吉、卢守耕、陈锡臣、张鸿谟）

浙江大学土木系 1944 届全体同学合影（1944 年 2 月摄于贵州遵义）

浙江大学农学院 1944 届毕业纪念合影（摄于 1944 年春）

浙江大学土木系1945届同学毕业纪念照（摄于1944年12月）

浙江大学湄潭分校全体女同学欢送毕业生合影（摄于1945年）

浙江大学机械工程系1945届同学合影留念（摄于1945年12月）

浙江大学化学工程系1945届同学毕业照（前排左起三为侯虞钧，六为谭天恩，七为李寿恒）

王国松教授与浙江大学电机系 1945 届全体同学留影（摄于 1945 年）

浙江大学化学系 1945 届同学留影

浙江大学化学工程系1946届毕业校友合影

（二）龙泉分校

1938年8月，迁泰和时，浙江大学是全国各大学中最靠近前线的学校。浙大迁桂、黔后，浙江省的高中毕业生和福建、安徽、江西以及离沪的青年学生，由于交通或经济原因，不能去内地升学者越来越多。浙大于1939年1月提请在浙东设先修班。同年4月，教育部电复，准浙大在浙赣闽之间设立分校，专招各系一年级新生并设置大学先修班，其他学校来浙大借读学生也由浙大登记收读。竺校长则已于2月派教务长郑晓沧教授、史地系陈训慈教授去浙筹办。勘定浙江龙泉县的坊下村为校址，筹建国立浙江大学浙东分校。

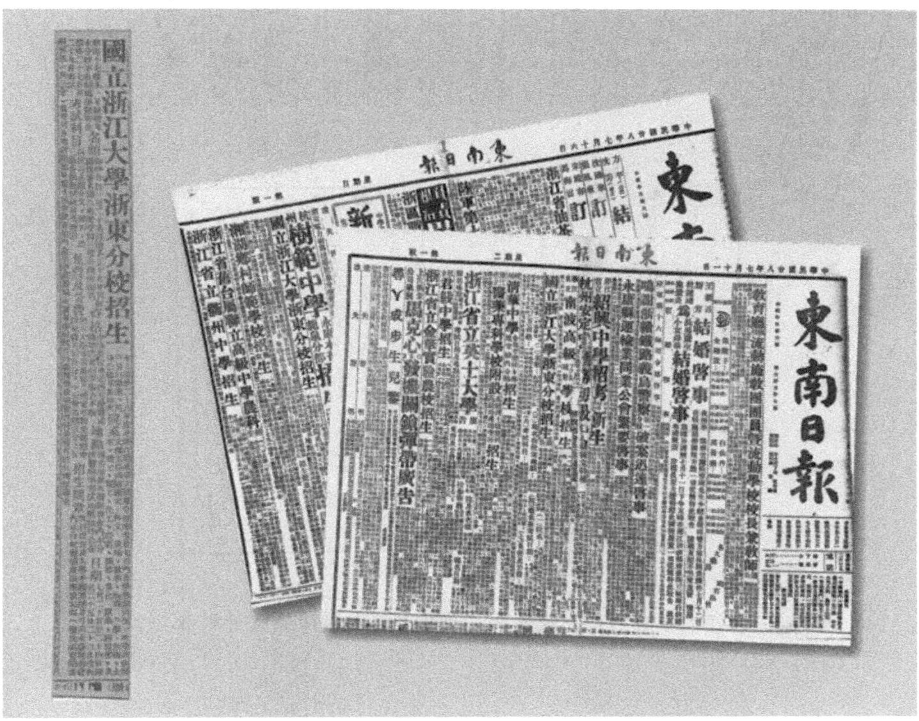

《东南日报》关于浙江大学浙东分校招生的报道

1939 年 7 月，浙江大学浙东分校开始录取新生工作，共录取正取生 120 名，备取生 30 名。10 月 1 日，浙东分校开学，11 日正式在龙泉曾家大屋上课。浙江大学在西迁最困难的时候，不断选派优秀教师和员工，加强对分校的建设和发展。

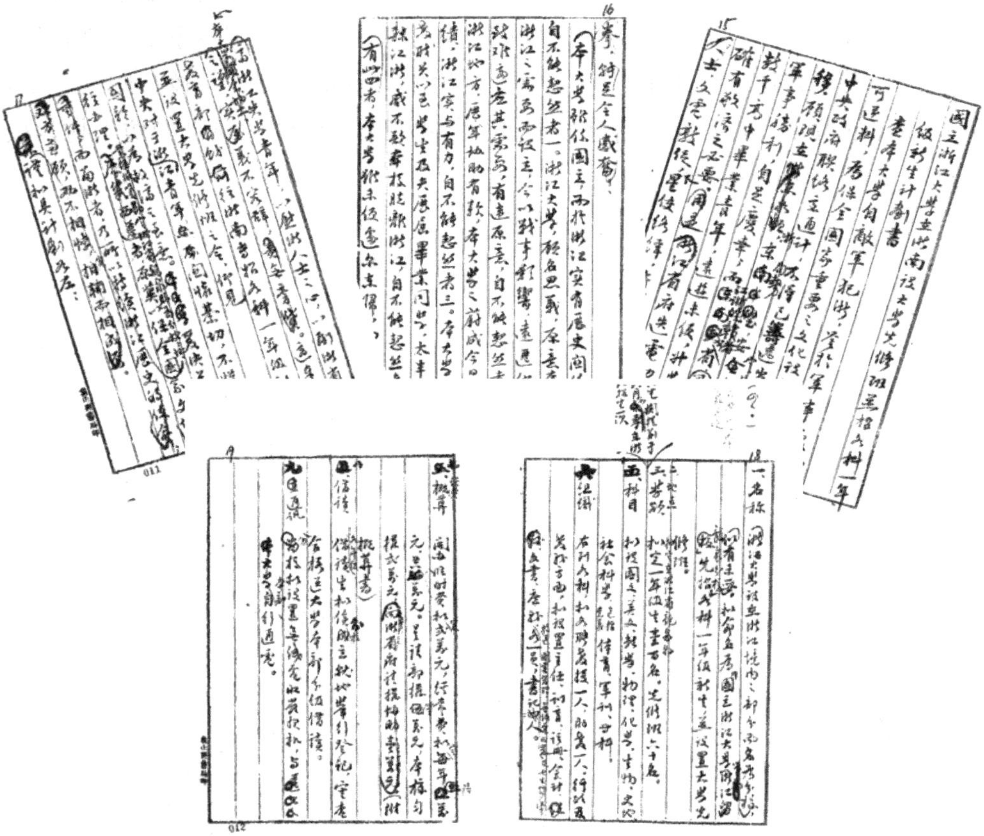

浙江大学在浙南设大学先修班招各科一年级新生计划书

曾家大屋

国立浙江大学浙东分校筹备始末

● 5月向尽，筹备成立已刻不容缓，成立浙东分校设计委员会。并派李絜非、陆子桐等人赴浙工作。设筹备处，以利各方之接洽。

● 6月12日，在《东南日报》等报刊上正式发布筹备成立分校消息，消息公布后，各方函讯络绎，每日无虑数十起，大抵来自浙、皖、赣、闽与上海，询问招生日期地点及简则，索取本校概况与西迁纪实，以及复学转学事宜，乃至探询与本校有关人士，转递有关函件。

● 6月16日抵龙泉，分别访问机关，勘察校址，视察环境。遂于曾家居房订立草约。

● 7月6日，陈叔谅先生抵金华，次日至永康，拟定招生事宜，组成招生委员会，发布招生简章，制定试场规则，办理报名登记手续，编制试卷弥封与号码，一切工作井然有序。

● 7月25日，假陈氏宗祠举行报考新生体格检查。

● 7月27日起，假距永康八里之麻车头树范中学为试场，三日竣事。

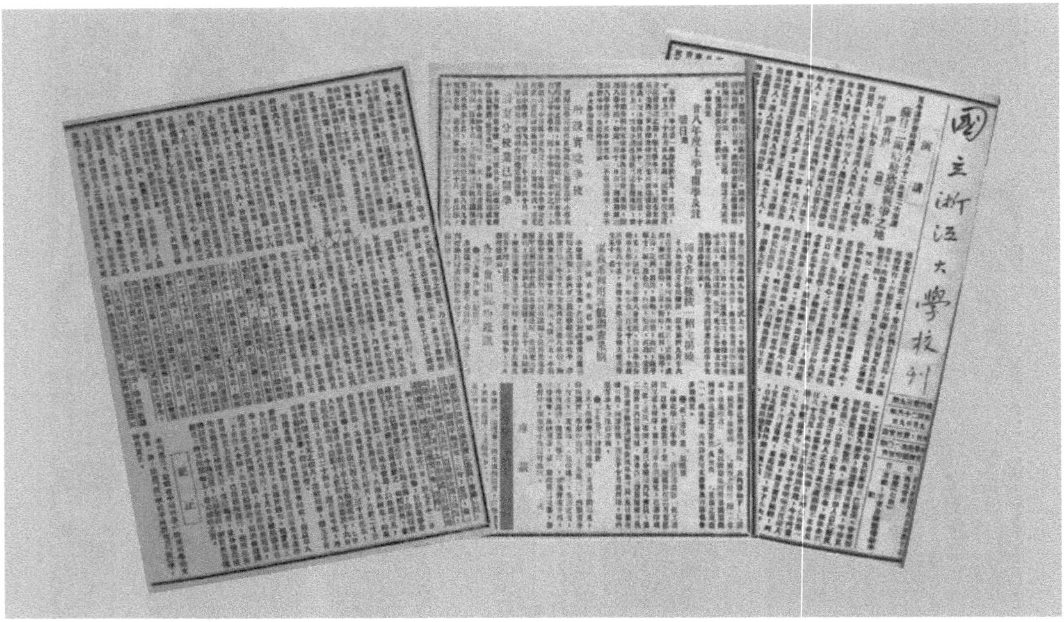
國立浙江大學校刊

浙江大学浙东分校筹备始末（原载 1939 年 9 月 29 日《国立浙江大学校刊》复刊第 39 期）

浙东分校入学考试科目

- 文学院考公民、国文、英文、本国史地、外国史地、数学（代数、平面几何、三角），另选考物理、化学、生物三门课中任何一门。
- 理学院（除生物系外）和工学院考公民、国文、英文、本国史地、数学（高等代数、平面几何、解析几何、三角）、物理、化学。
- 理学院生物系和农学院考公民、国文、英文、本国史地、数学（高等代数、平面几何、三角）、生物，另选考物理、化学中任何一门。

三十年代的龙泉街头

国立浙江大学浙东分校课程

【文学院】

第一学期 中文、外文、史地各系均修：国文、英文、中国通史、初等数学、普通生物学、党义、男生体育、军训、女生体育、看护学。另外，中文系必修中国文字学、论语孟子，外文系必修英文名著，史地系必修西洋近世史。

【理学院】

第一学期 数学、物理、化学、生物各系均修：国文、英文、中国通史、党义、男生体育、军训、女生体育、看护学，均同文学院。数学系、物理系、化学系均修初等微积分及微分方程、物理学、无机化学。数学系还必修初等代数方程式。生物系还必修初等数学、普通化学、普通生物学。

【工学院】

第一学期 电机、土木、化工、机械各系均修：国文、英文、初等微积分、物理学、无机化学、机械画、工场实习、投影几何、党义、男生体育、军训、女生体育、看护学，同其他学院。

【农学院】

第一学期 农艺、农化、园艺、蚕桑、农经、病虫害各系均修：国文、英文、初等数学、普通物理学、普通化学、普通动物学、普通植物学、党义、男生体育、军训、女生体育、看护学，同其他学院。

【选修课】

论语孟子、英文名著、普通物理学和普通化学，规定必须选一门。

浙江大学浙东分校组织机构

- 设主任一人，下设教务、总务、训导三处。
- 四个学院，设文学院、理学院、工学院、农学院。分校实施导师制，学生以10-13人为一组，每组有一名导师。
- 教职员工，分校初办时有教员18人，职工19人。

分校第一任主任陈训慈

分校第二任主任郑宗海

1940 年 4 月 1 日起，国立浙江大学浙东分校改称国立浙江大学龙泉分校。

1940 年，浙大龙泉分校参加全国统一招生，共计录取新生报到者 160 人和先修班 23 人。同时，分校修毕一年的学生，发给旅费送入浙大遵义总校继续学习。

1941 年 8 月，浙大龙泉分校增设二年级。1942 年 9 月，增设师范学院初级部国文科、数学科两班，每班 40 人。师院学生来源由浙江省教育厅保送 20 名，江苏、安徽两省各保送 20 名，不足之数由分校自行招生补足。龙泉分校 11 月开学，28 日上课。

1941 年起，因学生人数增多，龙泉分校决定在离坊下村一公里的石坑垅村修建师范学院教室及教职员和学生简易宿舍、大膳厅等共 8 座。以后分校校舍分为两部：一部在坊下，为行政各办公室及理、工、农三院学生学习与住宿之处；二部在石坑垅，为文学、师范两院及师范专科学生宿舍及教室、膳厅等。

龙泉分校所在地原名坊下村。在一次师生集会上，分校主任郑宗海观四周景色，即兴改名为“芳野”，从此芳野村留名至今。图为浙大龙泉分校新建校舍（摄于1941年10月）

浙江大学龙泉分校新建校舍全景（摄于1941年10月）

日军侵占诸暨

日军侵占衢州

日军侵占金华

1942年夏，日寇窜扰浙东，金华、缙云、丽水等地相继失陷，云和、龙泉危在旦夕。第三战区副司令黄绍竑召集各机关会议，劝说中央机关迁出本省，省县机关迁到乡下，对学校则希望迁徙到福建松溪。为了不让分校沦入敌手，分校决定暂迁闽北山区福建松溪的大布村。

浙赣战役时间，侵华日军第731部队和容字第1644部队在浙赣沿线的金华、龙游、衢州、义乌、浦江一带进行细菌战，致使这些地区陆续发生大范围疫病，造成大批无辜百姓死亡。

浙东前线戴防毒面具的中国士兵

1942年8月1日开始，龙泉分校开始搬迁。从龙泉到大布约有200里，为方便迁徙，学校在查田、小梅、竹口、新窑等地设立了办事处。图书仪器用手拉车和竹筏运输，师生员工多徒步行走，体弱者也乘一段竹筏，途中艰辛可想而知，这次搬迁得到了龙泉县政府和乡亲们的帮助。

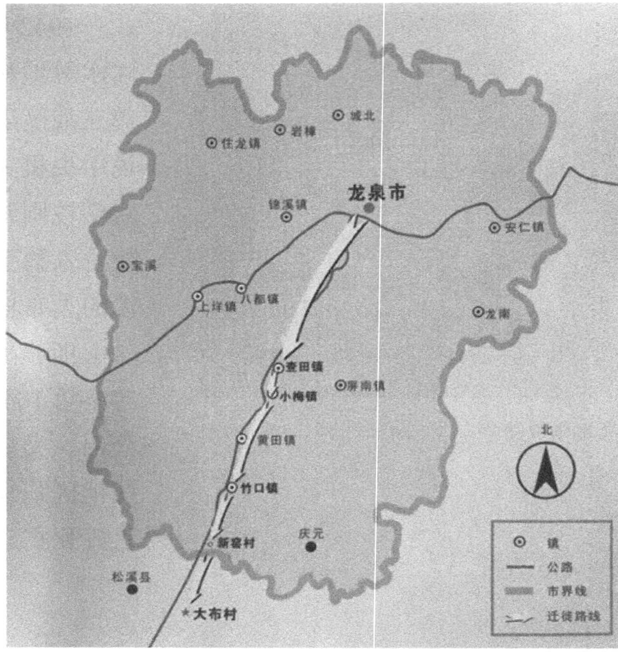

浙江大学龙泉分校南迁示意图

从龙泉至查田、小梅、竹口尽是山间小路和简易公路，搬运行李靠手拉车、雇挑夫，每天行程最多30里，十分困难，公路上形成一条流亡的长龙。到新窑后改乘竹筏或货船，一路有学生组成的搬运队配枪护运。

查田古桥

新窑船码头

小梅站点

竹筏

新窑老街

手拖车

大布村位于松溪县的东北，距县城6公里。村南金山之麓，有罗汉寺（原名罗汉院），规模较大。罗汉寺始建于五代十国闽龙启二年，由唐尚书孟仁择兴建，共有面积1461平方米，园林面积421平方米。由外至里共建三殿。龙泉分校的师生员工及家属借此栖身。

大布村罗汉寺

大布村远眺

罗汉寺一角

当时闽北鼠疫流行，分校总务人员为了预防鼠疫，每天到寺庙的各处洒药消毒，其中最积极的是庶务员江忠靖先生。不幸的是江忠靖先生因采购经常出入疫区，首先染疫身亡。接着，会计姚寿臣也染疫而亡，教职工家属中染病而亡者也有两人。

时值暑期，同学们晨起到溪边洗漱，锻炼身体，或在樟树下看书学习。不少同学以变卖衣物维持生活，过着“谈蚤色变”以防鼠疫的生活。后闻日寇无进取龙泉，师生复又等待回迁，两月后，分批返回龙泉。

松溪河

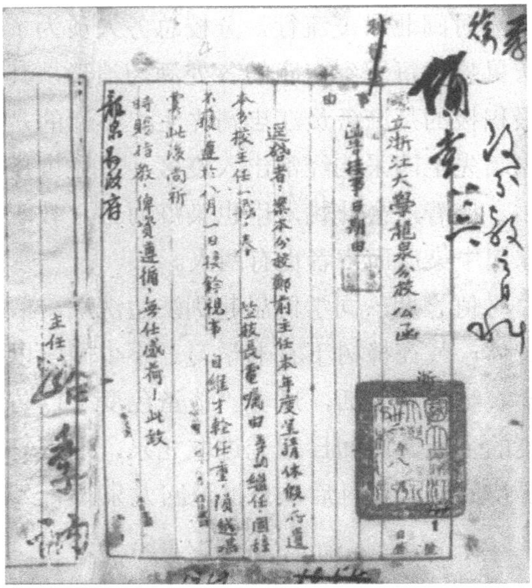

國立浙江大學龍泉分校公函

逕啟者：兹本分校鄭前主任本年度呈請休假，所遺本分校主任一職，奉竺校長電囑由季納繼任，國難不獲，羞於八月一日接鈐視事。自維才輕任重，隕越堪虞，此後尚祈時賜指教，俾資遵循，無任感禱！此致

龍泉縣政府

主任 路季納

路季讷主任奉竺可桢校长电嘱，于 1943 年 8 月 1 日接钤视事

分校第三任主任路季讷

战时货运阻滞，物资缺乏，同学们在老师的指导下，将刚学到的知识，用于实践，利用当地出产的桐碱，创办了属于自己的小肥皂厂，生产制造出价廉物美的钾肥皂。既解决了分校师生的洗衣问题，也有助于解决难民和当地农民买肥皂难的问题。

龙泉县福泽乡坊下村，是一个偏僻的小山村，居民不过数十户。当年浙大龙泉分校的许多教师，就生活在此。他们穿乌衣、食粗米，在那昏黄的桐油灯下，为开创中国的战时教育，满腔热血地写下累累教案，抚育人才。这个小山村一时被当地乡亲称为“教授村”。

龙泉分校复员杭州后，分校主任路季讷先生与同仁在湖滨举行联欢并合影留念（摄于1946年6月21日）

群峰环绕中的坊下“教授村”

当年龙泉分校老师们租住的民房

路季讷（左五）与师生们在龙泉

浙大师生当年研制的钾肥皂

浙江大学龙泉分校物理实验室

龙泉分校使用的菜橱（现存曾家大屋陈列室）

每天吃的都是糙米饭、冬瓜、南瓜、菜干、笋干之类，笋干是大批下等料，又老又硬。同学们说："这倒好，吃了就会'胸有成竹'。"——包树烻（1943 年就读于浙江大学龙泉分校化工系）

灯光微弱，每人每月只有一斤桐油，不到 20 天就点光了怎么办？早睡早起，一方面做作业，另一方面睡前向同学借好书，天亮起床，迎着晨曦快速阅读。—— 樊文洵（1941 年就读于浙江大学龙泉分校化学系）

食堂离教室约二十多米，饭是定量的，一桌八人一桶，菜都是黄豆、青菜、豆腐，很少吃到猪肉，水产更无从问津。我们都说，午餐是青菜豆腐，晚餐是豆腐青菜。—— 朱鹏（1942 年就读于浙江大学龙泉分校中文系）

没有电灯和自来水，晚上自修，学校配备每个同学一盏油灯，每月发给一些灯草和桐油或柏子油，作为照明。看书做习题不仅光线暗淡，而且煤烟很多，次日晨洗面除脸上是煤灰外，两只鼻孔里面更是墨赤漆黑。—— 樊延龄（1942 年就读于浙江大学龙泉分校农经系）

龙泉信箱十六号

经龙泉邮局同意，在龙泉校区校舍东首民房设邮政代办所，兼办小款汇兑。龙泉邮局确定“龙泉信箱十六号”供龙泉分校专用。经过与丽水电话局接洽，开通分校电话线路，安装电话。

【参考阅读】

本校于卢沟桥事变发生后四阅月，迁往建德，于杭垣沦陷时，迁往赣中，一方固凛于安定士气弦歌毋辍之重要，一方且深于依恋故土不忍卒离之情志；建德则一苇可航，浙赣更有车堪达，以是瞻对怀慕，朝夕可期，抑且修游藏息，短时即复。

去秋暴敌溯江而上，越马当，犯鄱阳，赣中震动，本校奉令迁黔，中止桂之宜山。遂有分部浙东之计划，当时以运输倥偬，乃不遑及此。今（一九三九年）春拟定方案后，复获准于教部。遂于二月十四日，请郑教务长、陈叔谅教授赴浙接洽，郑、陈两先生接洽之外，更于三月二日在浙南视察校址。同月二十五日，陈先生遄返宜山复课，郑教务长则仍留浙待命。

五月向尽，筹备成立已刻不容缓，乃一面成立浙东分校设计委员会，以事筹划之至计，一面派絜非驰赴浙省，设筹备处，以利各方之接洽人，其经过俱已详见于以往之本刊。

絜非以五月二十八日离宜，沿途略有滞阻，终以六月十一日晨抵金华，次日即于《东南日报》及《正报》发布筹备成立分校消息，以慰各方喁喁之望。十三日至永康，晤郑教务长，承示在浙接洽情况甚详。十五日趋丽水访问浙教厅，十六日抵龙泉，而陆子桐先生已先两日至，为先容焉。自十六日至二十日五日内，分别访问机关，勘定校址，视察环境，探询物价，凡初步进行，已略有眉目。遂于与校舍房主曾姓订立草约后，二十日复至丽水，接洽印刷及车运事宜。二十三日回永康，向县商会借屋，遂以之成立筹备处。永康为今浙省政治之中心、交通之枢纽，且便于凡皖南、赣东、闽北消息之传递，故以之为筹备地点。基于此等优越性，其后分校新生考试地点，亦择定于斯。

分校筹备时期，既属匆促，凭籍既无，人员复少，重以去校太远，请示本校动辄经月，而浙东安定，土木工事频繁，价昂匠少，故于访洽当局，传布消息，计划招生，应对征询之外，尤以分校物质上之筹备为较不易：若房舍之改建，若校具之购置，皆非短时间内，所可经营。比得子桐先生之商酌，乃定计于审核运费相宜后，移运存放建德之校具，并及早商得龙泉政工两界人士之助力. 为他日工匠材料得所以取资。

筹备成立消息露布后，各方函讯络绎，每日无虑数十起，大抵来自浙、皖、赣、闽与上海，询问招生日期地点及简则，索取本校概况与西迁纪实，以及复学转学事宜，乃至探询与本校有关人士，转递有关函件。比曾两度将本校概况、招生要点、前此出发之先受命于宜山本校者，草具简略，分送浙、闽、皖、赣与上海各报，以代应答。七月六日，陈叔谅先生抵金华，次日至永康，招生事宜得以积极进行，当拟定同月二十七日起举行分校新生入学试验，地点则决在永康。于是登报露布，付印简章，与接洽考场，继以分发与布置，并制定试场规则，商订职事分配。自二十日起至二十四日止，办理投考新生报名事宜，一方秉承陈叔谅、朱叔麟两招生委员之指示，一方得吴稚中、金维坚、钱兰峰、姚含英、楼可成、余鹤声、魏安德诸先生分工与合作，故办理报名登记手续，编制试卷弥封与号码，皆能秩然有序。二十五日起，假陈氏总祠举行投考新生体格检查，以得浙省临时第一辅助医院成院长及诸医师之勖勷，厥竣其功。二十七日起，假距永康八里之麻车头树范中学为试场，三日竣事，颇称顺利。自三十日起，复假陈氏总祠为阅卷场所。八月五日，各科先后批阅完毕，计分与审查者两日，终以会议决定录取名额与此次被录为正式、备取之各生，凡百五十名，其详细另有报告。

廿八年度国立各院校统一招生，虽由浙教厅主其事，然仅及其先半，且本校郑教务长、陈叔谅教授同为该招生委员会之委员，会议监试，皆为参加。而后半如阅卷、计分、登录、报部，皆由分校同人任其役。以是在永康之勾留，延期旬日，直至八月十九日统招成绩自丽水用航快交邮，始克将招生事宜，告一段落。

初，絜非利用招生前之时日，于七月十二日取道金华兰溪，于十三日抵于建德，计划迁移存建校具，以应分校之需。抵建之后，除与保管员王子青先生商计有关移动之一切问题外，并视察存放地点，访晤地方当局，以存建校具，曾有若干为地方当局借用，久假弗归也，结果尚称圆满。其后校具约五百余件，乃于二十三日发自建德，于兰溪改筏运永康，三十日抵永。八月二日复自永康雇手车七十辆运丽水，七日自丽仍改水运，以船十九艘溯大溪，而于十六日安抵龙泉，计费时二十四日，运费近千元，乃将此约价五千元之校具，运输竣事，惟王子青先生始终其事，独任其劳。

筹备名义，于七月终即宣告结束，藉以早入新阶段，而同时本校则以聘定陈叔谅先生主持分校校务，仰承有自，履端于始矣。惟实际工作，乃结束于八月中浣，十九日分校总务主任赵季俞先生率同到永职员，由絜非陪至龙泉。二十日住入分校，次日开始办公。关于修建购置诸物质上之建设，已在积极进行，而陈叔谅先生则措筹校务大计，殚精竭虑，使分校规模得以粗具。今后进展，另创新页，而关于筹备经过，特为陈闻如上，藉当述职之资。……

——摘自李絜非《浙东分校筹备始末》

（《国立浙江大学校刊》复刊第 39 期，1939 年 9 月 29 日）

永康陈氏宗祠旧址

麻车头树范中学旧照

【参考阅读】

…… 分校校舍系借用坊下富绅曾氏住宅。曾氏田地房产很多，分校成立前不久，曾氏为爱子娶媳，在原有庄院旁，建立一座新式二层大楼，后半又加建一层，成为假三层。这座大楼背靠高山，俯瞰四方，远远望去巍然矗立，周围山地，犹如众星拱月，我称之为曾氏大厦。

曾家主人极为慷慨，将这座大厦全部拨给我们使用。办公室、教室、实验室、医务室、饭堂、学生宿舍等等，全部都在这座大厦之内。我们一年级所选习的均为基础课程，师资设备不多，我们虽有文理农工四个学院，但学生仅有一百余人，是以地方虽小，经济利用，勉强可以应付。所以麻雀虽小，五脏俱全，这座假三层楼房，容纳了我们整个分校。可说是世界上一个具有四个学院的最小大学。也可说是廿世纪的高等“私塾”。除大厦外，曾氏家属还让出楼旁若干房舍，作为教职员宿舍，并将大厦左前方的晒谷场作为我们的操场和其他室外活动的地方。

曾家大屋内部

曾家大屋

龙泉生活非常单纯。清早起来吃完早饭即至教室（兼自修室）做功课。浙江文风很盛，国学根基好的同学不少。他们常在教室外走廊间踱着方步摇头摆尾的高诵国文课骈体文诗词，有的同学不甘落后，却手捧英文文选，大声诵读，相互媲美。也有很多同学伫立栏边，双目瞪天，不言不动如老僧入定或口齿微动，喃喃有词，乃在记忆试背佳文也。其余的则在室内或做习题或复习功课。迨上课铃响，齐集室内，聆听老师授课。课间休息之时，或在教室，或至走廊，有时也到大厦门口，远眺山景或俯视田野，作片刻的身心调剂。午饭以后稍作午睡，即返教室上课或去试验室做试验。只有在晚饭以后，三三两两结伴而行，漫步田间，安享恬静的大地气息和五彩缤纷的落霞，等夕阳西下暮色降临的时候，复归大厦做功课。

我们做功课的地方是自修室，也是我们的教室。女同学的自修室则与男同学分离，我们男生宿舍在大厦左侧楼上。是一个大“统舱”，排满了上下铺的木板床。男同学全部集中于此。宿舍中没有任何桌椅家具。楼下是泥地大饭厅，一门通往户外，另一门则至大厦本部。饭厅四面无窗，相当阴暗。想来为曾氏贮谷之处。唯一可供我们读书写字之处，是在兼作自修室的教室。因此除在床边聊天，田间散步，晒谷场做运动外，所有时间都消磨在教室中。也因为这样，养成了我们啃书的习惯。由于坊下离龙泉城远，山路交通不便，步行来往既旷时又疲劳，星期日虽然没课，我们比较安静没有探古觅胜精神的人，如无特殊事情，很少进城。我在龙泉一年，到城里也不过四五次。……

——摘自袁嗣良《忆山乡旧事》

（《情系芳野》，2002年6月）

曾家大屋背后是一座高山，从山脚下望，隐约可见半山有座小庙，此处是当年同学们课余觅胜之处，也是植物系师生采集植物标本的首选之处。同学们披荆攀登，野外实习，既学到了知识，又增强了体质。

【参考阅读】

…… 当时浙大龙泉分校只有两个年级，三年级就要转到贵州总校。麻雀虽小，五脏俱全。设有文、理、农、工、师范五个院，文学院设有中文、外文、史地三个系。胡裕树读中文、宁树藩读外文。按分校的学制，各院一年级不分系。像我们文学院，文科一些基础课程一年级学生都必须修读，旨在掌握比较宽广的基础知识。还有一个规定，就是文学院一年级学生，都须选修一门自然科学课程。这种注重打基础和文、理渗透的教学思想，今天看来还是可取的。二年级开始分系上课，不过第二外国语课程，一、二年级还是一道上。我们学的是法文，由加拿大神父范国昌兼授。

浙大学风素以严谨著称，学习上抓得很紧。我们文科的一些课程，不仅要学懂，而且要你死记硬背，某些课程内容到现在我们还能背诵若干。我们感到，牢牢记住一些基本知识，背出某些重要篇章与名著的若干内容，是很有好处的，当然如过分强调则会影响将知识学活。学校对考试极其认真，监考很严。一旦发现作弊定会严肃处理，直至开除。

……接任分校主任的是路季讷教授。他原是工学院的老师，学术享有盛誉。为人严肃，不苟言笑。

文科教师中年龄最长的是孙养癯。安徽寿县人，出自名门，是清吏部尚书、资政院总裁孙家鼐之后。孙任分校特聘教授，主持《诗经》讲座，蓄着几茎长须，飘逸不群，学识根基深厚，众所尊敬。

徐声越教授为浙江人，讲授《中国历代散文》。徐老师知识宏博，学贯中西，通数种外国文字（包括世界语），治学严实，为人诚恳朴实，慎于言行。备课极其认真，语言逻辑紧密。

讲课最受欢迎的是夏瞿禅教授。他是浙江温州人，为我国词学一代宗师。他的讲课富有魅力，常常把其他班的学生吸引过来。他讲课不仅有独到的见解，而且生动多趣，有幽默感。往往讲得学生哈哈大笑时，他自己却不动声色，讲课的艺术与风度，令人倾倒。

王季思先生是我们的语文老师，也为浙江温州人。才华横溢，在东南文坛上颇为活跃。在报刊上发表很多散文和小品，当时已很有文名。学术上以“元曲”研究见长，后来成为我国这一领域内的权威学者。

张其春老师讲大学英语，安明波老师讲经济学，张慕骞老师讲中国通史，季平子老师讲西洋通史，潘渊老师讲哲学，王哲安老师讲英语语音学，皆一时之选。

这里，特别要介绍一下潘渊老师。他是师范学院的心理学教授。后来教我们的哲学课。

曾家大屋

在同学心中，他是一位书本气十足的老夫子。他讲课爱用文言，不讲“我们”，而说“吾人”；不讲“各位同学”，而说“诸生”；不讲“很好”，而说“颇好”，等等。他高度近视，考试时监考困难，就不停地高声叫“不准看书”，两脚在教室内不断来回奔走。他讲课是认真的，至今仍记住他一句名言：“哲学不是解决问题，而在提出问题。”听说他心理学造诣很深，且精通数国语言，在学术界有较高声望，同学对他还是尊敬的。

教师们的生活相当艰苦，待遇微薄。他们大多住在临时盖成的简陋的房子里。有的老师住在附近居民家里，条件也不好。数学系毛路真老师的孩子多，生活似乎更困难些，经常看到他穿草鞋。为了抗战，他们甘愿过这艰苦的日子。夏瞿禅和王季思老师，家住沦陷区温州，为要到这山城教书，路上曾遭到日寇的打骂和凌辱，和我们谈起这事时，他们几乎流下眼泪。

……同学大多来自东南数省，浙江、江苏省最多，安徽、江西次之。也有不少上海青年，不愿在敌伪统治下读书和生活，冒着危险辗转来到龙泉就学，外文系同学周培正就是从上海附近的南翔，克服种种困难来此学习的。

在当时，乡情是一巨大凝聚力。同学差不多都是按省籍结集起来，困难时相互照顾与帮助。我们刚来时就是由于得到同乡同学的帮助才很快安顿下来的。安徽同学不算少，来自大江南北。文学院的同班同学有严则光、赵平、吕绍震、汤禄熙等人。严为人诚挚坦率，能言善辩，与同学相处甚得，不幸他在回乡途中，掉进河里死了。赵、汤比较活跃，转学暨南大学。农学院同年级的安徽同学，有焦登墀、王嘉祥、汪亚荪等人，焦勤奋好学、朴实无华，是与我们朝夕相处的一位挚友。汪亚荪是我们同届安徽同学中唯一的女生，旌德人，淳朴大方，群众关系很好。理学院还有一位鲍延福同学，小小个子，学习非常用功。师范学院的安徽同学比较多，有好几位来自桐城，也许是由于历史传统吧，他们都具有较好的中国古文修养，为人朴实，彬彬有礼，秦特是他们中年龄稍长的一位。

除安徽同乡外，我们接触最多的是同班的浙江同学，印象较深的严刘祜、戴潮声、宋晞、罗茂彬、赵昭炳、孙多吉、方天锡、向克强、屠益箴、叶咸元等人。他们各有特点，不一一介绍。我们都相处很好。

学生的生活当然更为艰苦，生活费用靠政府为战区学生发的有限的贷金来维持。伙食只能维持粗菜淡饭，不饿肚子，虾皮算是佳肴，肉是难得吃到的。记得一次胡裕树在寝室里的窗下，忽地对宁树藩说："如果买一斤肉烧烧，我一个人也能吃下。"可见当时对吃肉是多么向往。天热的时候很多男同学穿起草鞋，女同学和个别老师也起而仿效，穿草鞋一时成为时髦。作业写稿，我们用的是龙泉本地制的土纸，还舍不得敞开使用，有的同学先用铅笔写，然后再用钢笔写，字体写得小小的。

同学们并未因艰苦的生活放松学习。课余的文化、美术活动也比较活跃：组织文艺社团、出墙报、办刊物、举行诗歌朗诵会、开办辩论会。更多的是三五同学一起，就读书心得和某些学术问题交换心得，相互切磋，有时争得面红耳赤。大家都很关心抗战时局，虽然都还相信抗战会最后胜利，但前线不断失利的消息使得我们精神上总有一种压抑感。随后从大后方逐渐传来关于政府腐败、官僚资本为患、孙二小姐用飞机运抽水马桶和狗之类的内幕新闻，给政治意识比较淡薄的分校校园，带来难以名状的忧愤情绪。苏联斯大林格勒会战的胜利，给同学以莫大鼓舞。潘德钧同学写了一长诗《斯大林格勒》歌颂它。大家相信，反法西斯战争的告捷已为期不远了。

……那是 1942 年夏天的事，日本鬼子突然向浙江地区进攻，侵略军很快进抵丽水。龙泉告急，学校一片混乱。校方最后决议迁校到闽北的松溪。

学校很快派出先遣队，沿途设立接待站为师生安排休息与住宿。学校规定同学自愿结伴，步行前往，到目的地集合。我们二人，加上焦登墀、汪亚荪、王璧，五人结成一队，沿着一公路向松溪进发。五人中前四人都是安徽同乡。王璧是浙江人，我们虽然相识但很少接触。她所以和我们结伴，是因为她和女同学汪亚荪是农学院的同班同学，关系亲密。恬静文弱的王璧，走起路来矫捷，面无难色。遇到潘渊老师，他那高度近视眼，行走显得吃力。

我们的目的地是松溪县城附近的大布。被安排在一大寺庙时，学生都睡地铺。不上课，住地前面有一条长长的河，没有船只，但见轻盈的竹筏在河面上下漂流。我们经常站在河边远眺，领略这迷人的风光。松溪的商业和文化都比龙泉落后，也许从来没有来过这么多大学生吧。一次赵平身体不适，宁树藩陪他到当地一位老医生家看病。语言不通，只好笔谈。

当这位老医生得知我们是大学生时，忽地站起来让座，连声说："失敬！失敬！"谈话更和善了。他关心地说："此地山高水寒，要多加小心啊！"

到松溪后，经济上和家庭完全隔绝，钱不够用了。看到一些男同学到松溪大桥上出卖衣物。我们两人也跟着照办。汪亚荪、王璧害羞，不肯露面，就把衣物交给我们代卖，我们一下子"富起来"了，汪、王二位烧了一盆肉请我们吃，我们也回敬她们。这也许是我们到分校以来吃肉最痛快的一次了。

郑晓沧主任也同来松溪，可是没有家属陪伴。一次他居然自己动手洗衣服了，汪亚荪见状立即将衣服接过来代他洗好。隔了几天，我们的郑主任找到汪亚荪，轻轻从衣袖里拖出一条糕来，他说："密斯汪，这条糕给你。"这是松溪流亡生活中广为流传的一则佳话。

大布，当时是鼠疫病发生地区，我们在此住了一段时间以后，居民中出现鼠疫，疫情日渐严重。河旁经常有人在烧死者床铺上的稻草，师生一下紧张起来了。谈蚤色变，大家都把衣袖管扎得紧紧的，相互检查着眼睛是否发红了，真是草木皆兵。在紧张的情况下，这时前线的形势已告缓和，于是我们急忙迁回龙泉，结束了几个月的流亡生活。……

——摘自胡裕树、宁树藩《峥嵘岁月忆龙泉》

（《情系芳野》，2002 年 6 月）

龙泉分校师生当年使用的桐油挂灯和桐油座灯

【参考阅读】

……龙泉分校一年级生是在坊下附近的石坑垅之简易校舍作息，宿舍、教室、餐厅都在那里。山腰里的房屋被松树所环绕，在那环境里读书，别有风味。寝室里上下铺，教室兼自修室。餐厅用餐，每桌定量分配白饭一小桶，温饱没有问题。分校主任郑晓沧先生对学生很和蔼关怀，一年级沈金相老师教国父思想，王季思老师教国文，张其春老师教英文，他们学问渊博，督促颇严。我们中文系的学生对国文自感兴趣，在作文的习作上也比较起劲。中国通史是张崟（字慕骞）老师教的，他每次上课带来卡片，讲话虽带温州腔，听惯了也全能懂得。二年级才迁到坊下曾家大宅，宿舍与餐厅很近，教室则在大宅的主屋内，文学院的中文、外文两系，有一间固定教室，课余自修也在那里。那时晚上点油灯，尤其是冬天，山间气温低，大家备有火笼以取暖。每逢周末，几位兴趣相投的同学在教室内打桥牌，或者玩“二十一点”，有时到深夜才散。二年级的课程有孙养癯老师的《诗经》、胡伦清老师的《论语》《孟子》、夏承焘（字瞿禅）老师的《词选》、张慕骞老师的中国近代通史、韩雁门老师的地质学、季平子老师的西洋通史等。季老师是龙泉人，出身北京清华大学，他说话是一口京片子，听来很舒服。我原保存有夏老师的墨宝，可是在动乱中早已不知去向了。这学年中使我记忆最深的有两件事：一是社会学的教师，起初是留学比利时鲁汶大学的王育三老师担任，他首次来上课穿着燕尾服，开讲的内容是“大造”如何如何。第二次授课的内容依然是讲“大造”，在宣扬宗教。同学们经过两次的听讲，觉得这不是社会学，就一起退选了，后来另请一位女老师来讲授，至少是讲社会学，大家也就相安无事了。二是哲学概论的老师，是中央大学出身的吴江冷先生，为王季思老师所推荐，他是精研佛学的。所讲内容以佛教精义为主，与哲学概论内容不相切合，大家兴趣索然，不愿上课，演成风潮，吴先生离开了，王老师也因此而辞职，后来终被劝请了回来。我们的哲学概论成绩自然是红学。后来到遵义浙大本校，修谢幼伟师的哲学概论，由于教授得法，获益良多，战时在东南地区师资难求，也是事实。……

——摘自宋晞《浙大龙泉分校二年的回忆》

（《情系芳野》，2002年6月）

（三）导师制

何谓“导师制”，就是在教师中选出资历较深，学问与道德均为学生所钦佩的人，授予导师名义，每位导师带数名或十数名学生，定期与所带的学生进行聚会或个别谈话，以治学、处事、交友、待人、律己、礼仪等方面为谈话内容，使学生受到启迪和熏陶，修养成才。竺可桢曾经指出：老师下了课堂便与学生分手，不再见面，这种教而不训的制度亟须改革。

浙大于 1937 年 10 月在浙江西天目一年级学生中试行导师制，后又在建德和江西泰和开始全校各年级全面执行导师制。迁宜山后，学校生活已较安定，以前请假或休学学生，相继回校，而他校之前来借读者，为数亦多，学生总数大见增加，智识传授之外，品性之陶冶，尤觉急切，导师制的作用日益明显。

执行导师制的目的是要熏陶学生人格，是为了让每个大学生明了自己的责任。导师制融洽了师生关系，推动了教风和学风建设，形成了良好的校风，使浙大呈现出崭新的气象。在战时搬迁的特殊环境下，执行导师制还有利于学校的管理，对师生之间的相互帮助和照顾也是很有好处。开课以后，各导师每月必须集会一次，时间为每月第二周的星期六。各导师以前所领导学生中如有不适于本人领导者，可开出名单，送交校长办公室，以便改派。每位导师领导学生的人数，以 16 人为原则。三、四年级学生以本系教授为导师；对于一、二年级学生，分配导师时根据学生所在系别，凡是能归本系教授领导的，全部归本系教授领导，否则就分配给选有其课程的教授。

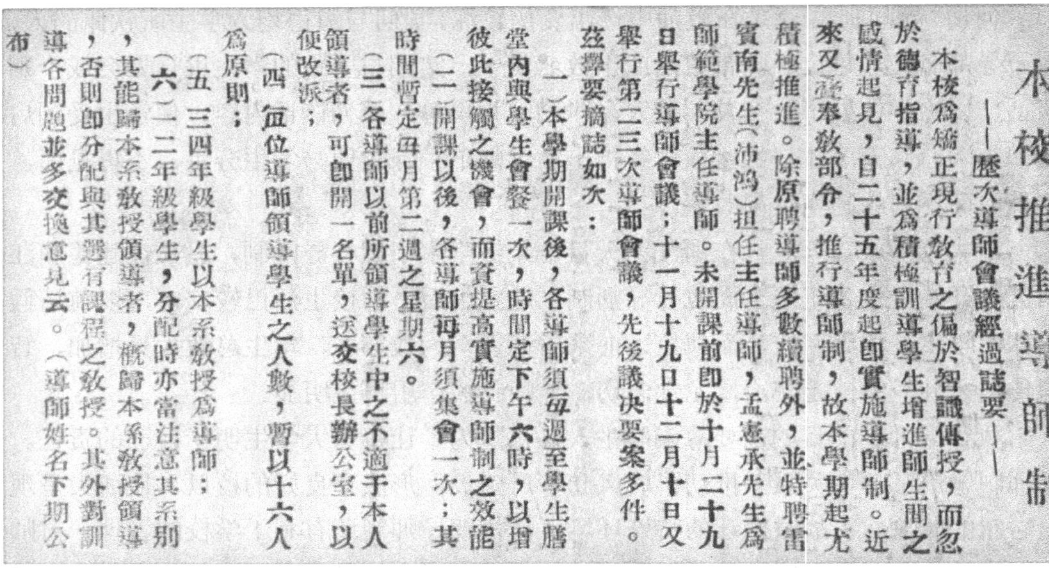

本校推進導師制

——歷次導師會議經過誌要——

本校為矯正現行教育之偏於智識傳授，而忽於德育指導，並為積極訓導學生增進師生間之感情起見，自二十五年度起即實施導師制。近來又遵奉教部令，推行導師制，故本學期起尤積極推進。除原聘導師多數續聘外，並特聘雷賓南先生（沛鴻）担任主任導師，孟憲承先生為師範學院主任導師。未開課前即於十月二十九日舉行導師會議；十一月十九日十二月十日又舉行第二三次導師會議，先後議決要案多件。茲擇要摘誌如次：

（一）本學期開課後，各導師須每週至學生膳堂內與學生會餐一次，時間定下午六時，以增彼此接觸之機會，而資提高實施導師制之效能

（二）開課以後，各導師每月須集會一次；其時間暫定每月第二週之星期六。

（三）各導師以前所領導學生中之不適于本人領導者，可即開一名單，送交校長辦公室，以便改派；

（四）每位導師領導學生之人數，暫以十六人為原則；

（五）三四年級學生以本系教授為導師；

（六）一二年級學生，分配時亦當注意其系別，其能歸本系教授領導者，概歸本系教授領導，否則即分配與其選有課程之教授。其外對訓導各問題並多交換意見云。（導師姓名下期公布）

浙江大学推行导师制的报道

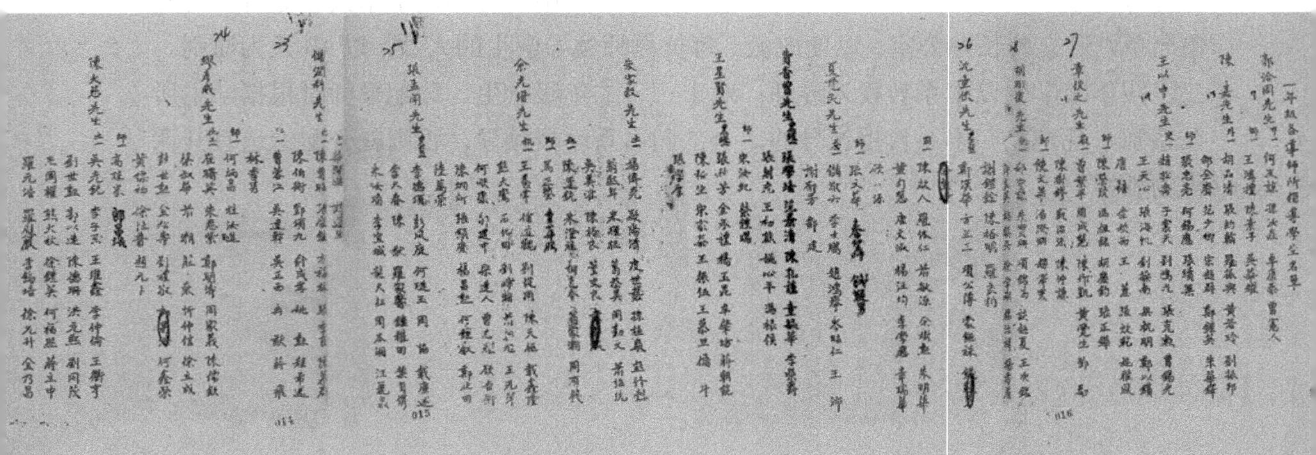

部分导师与学生名单

化学系主任周厚复等教师与学生野餐时的留影

1941 年，农艺系助教在贵州湄潭湄江边浙大农场水稻实验区留影（左起：张鸿谟、刘泰、过兴先、陈锡臣、朱德琳）

农艺系主任卢守耕等教师在贵州湄潭贺家祠堂办公室外合影

1940 年，王国松教授与电机系部分师生在遵义郊外杏花林野餐

费巩

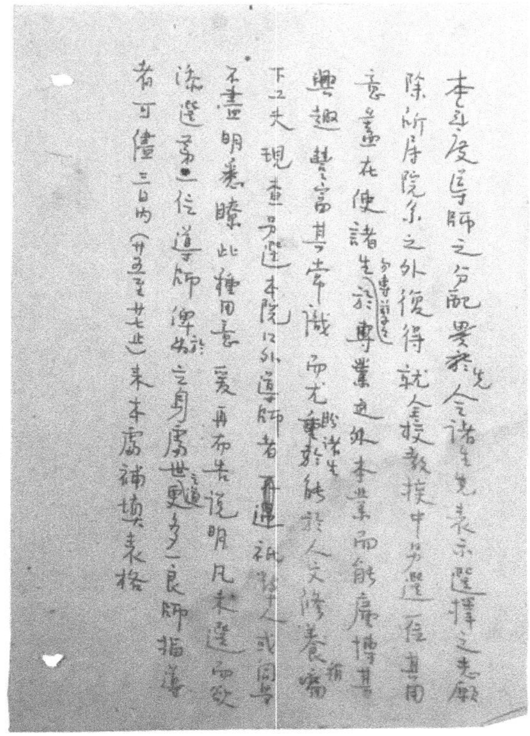

本年度導師之分配要於先令諸生先表示選擇之志願
除所屬院系之外復得就全校教授中另選一位其用
意蓋在使諸生於專業之外本學業而能廣博其
興趣豐富其常識而尤重於能於人文修養
下工夫現查另選本院以外導師者[illegible]
不盡明悉瞭此種用意爰再布告說明凡未選而欲
添選第二位導師俾於立身處世更多一良師指導
者可儘三日內(廿五至廿七止)來本處補填表格

费巩关于导师分配意见书

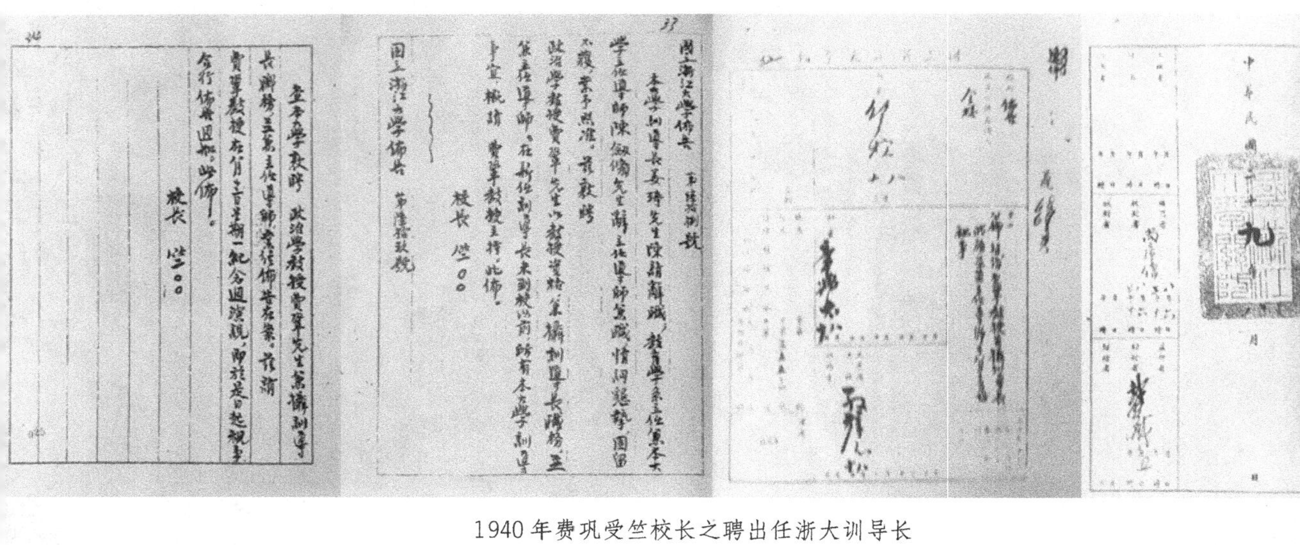

1940年费巩受竺校长之聘出任浙大训导长

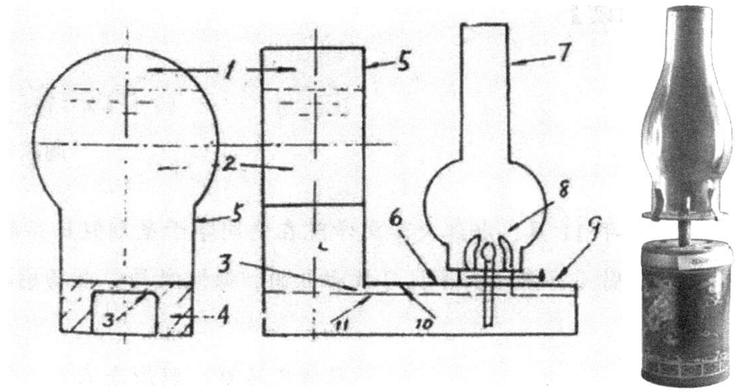

后人根据老校友们的回忆画出费巩灯的图样并复制了费巩灯

1940年8月12日，费巩出任训导长，向全校学生和教职工发表就职宣言，表明公正办事、尽力为同学谋利益的态度。他出任训导长后，不分昼夜为学生操劳。学生们也衷心拥护他。遵义、湄潭、永兴当时都没有电灯，他请人制作了一批白铁罐加玻璃灯罩的油灯，分配给同学们，改善了学生的自修照明，同学们称之为“费巩灯”。他提倡清寒同学之间互助、劳动自助，并力争提高教育贷金的面，甚至拿出自己的薪金来帮助同学渡过困难。他倡导创办《生活壁报》，使之成为同学自由发表意见的园地。

1945年2月，费巩先生与文化、学术界三百多位知名人士联合发表了《重庆文化界对时局进言》。《进言》一发表就引起了巨大反响，在整个国统区掀起了要求成立联合政府的民主运动。1945年3月5日凌晨，发生了著名的“费巩失踪事件”。当时，费巩在学生邵全声的陪同下，到重庆千厮门码头，准备乘渡轮赴北碚的复旦大学，当邵全声替他取行李，返回码头却不见费巩。经多方探寻，终无下落。1946年1月，中国共产党向国民党提出八项要求中就有立即释放“叶挺、廖承志、张学良、杨虎城、费巩”条款，可惜费巩早已被害于重庆中美合作所，尸骨无存。

苏步青先生曾为费巩写过这样一首悼念诗：“香曾灯火下，风雨几黄昏。护学偏忘己，临危独忆君。沉冤终已雪，遗恨定长存。恩德属于党，泪沾碑上文。”1978年9月，费巩被追认为革命烈士。

【参考阅读】

浪淘沙·宜山郊游

周家乾[1]

1939年11月，浙江大学文学院在宜同学于星期假日齐赴如画之西郊，聚餐野外，有歌有舞，及唱《打东洋》等抗日救亡歌曲，慷慨激昂，全场感奋，因写即事一阕。

翠竹几丛篁，照影沧浪。
渡头一时往来忙。
载舞载歌翻桨绿，过了龙江。
一曲《打东洋》，齐唱救亡。
中原北望共神伤。
匡济时艰人有责，奋起图强。

[1] 周家乾，1939—1943年就读于浙江大学文学院史地学系。

【参考阅读】

……今日吾国新式教育之为世诟病者约有三端。一曰教法偏于呆板。讲堂传授讲解叙述而外，甚少质疑问难，是灌输智识，而非启发思想。是盖由于一班学生人数，常嫌过多，而程度智慧，又多不相等，师生之间遂少辩难机会。二曰师生关系太疏。“师生之关系，仅在口耳授受之间，在讲堂为师生，出讲堂为路人。”（引教部训令内语）教师如负贩者，学生如购货者，交易而退，缘尽于此。“师道既不讲，学校遂不免商业化之讥。”（亦教部训令语）三曰过重技术之传授，忽略人格之陶冶。学校仅为习艺之所，而非修养之地。教师只管学生学习成绩，品行思想如何，多不加以问闻。肄业大学四年，所得限于若干专门智识，品性德行初未受过熏陶。

凡此弊病，近年学者议论，多曾指摘及之，今教育部通令中等以上学校，切实施行导师制度，亦即为欲力纠此等缺点。导师制取法于英国牛津、剑桥之办法，以及吾国固有之书院制，因请先言英国及吾旧时训教之法，俾知其可资借镜之处。英国牛津剑桥等大学之学制，与吾国现行大学学制，完全不同。学生作业，不重于上堂听讲，而重于导师指导。大学生依其所专攻，随指定之导师研究，课业品性均由导师负其全责。导师或为教授讲师，间亦授课，每周至多一二小时。或为各学院 College 研究学者 Fellow，并不公开讲演授课。要之，大学教师主要之任务为任学生导师，授课乃其次要。因之，在学生方面亦以从导师研习为主要工作，上堂听讲乃属次要。每周上课至多七八小时，且性属自由听讲，并无所谓“缺课扣分”、“改选退选”等事，亦无所谓月考、季考等事，更无所谓每学期须读若干学分，修满若干学分，始能毕业等规定也。

每一学生不止导师一人，按其专业所分之门类，别为导师数人。而任导师者所收弟子，多或二三十人，少则数人或十余人。分二三人为一组每周接见一次，命题作文指示应读之书，批改课卷纠谬指正而外，相与探讨辩难，导师发问，诱导学生思索，学生质疑，乃得导师薪传。此种教法，重博览群书，不重捧住一本课本或几篇讲义。重思想见解，不重强记呆诵，足以尽启迪诱掖之功，养成有器识抱负之学者。因材施教，尤足使聪明才智不为愚劣庸陋所牵累。导师与二三学子，时常相聚一堂，或坐斗室相对论学，或集诸子，茶点小饮于导师之家，剖析疑难而外，并得指示学生修养之法，解答学生个人问题。导师视门人如子弟，门人视导师如良师益友，从学之期虽暂，而缔交辄终身受其潜移默化，不觉品德与学问俱进也。……

——摘自费巩《施行导师制之商榷》

（本文撰于 1939 年 1 月，后刊载于《国立浙江大学师范学院院刊》第一集第一册）

（四）体育教学

体育是教育思想和办学实践的重要方面，在西迁办学的艰苦岁月中，浙江大学仍坚持体育教学。由于许多体育器材无法搬迁，因此浙大的战时体育教学只能在球类和游泳方面开展。这不仅使当时的师生在运动中强健了体魄，激扬了活力，焕发了勃勃生机，而且对浙大体育教学的长远发展产生了深刻的影响。

泰和赣江浙大游泳场

1938 年夏，竺可桢偕子竺安（彬彬）在赣江游泳

本縣老東門外磨坊附近

本校籌闢游泳場

南國之夏，陽光炙人可畏，本校體育課當局，爲適應時令起見，闢於六月一日起，將體育科目，改授游泳。前曾與樂群社接洽，借用南門外之游泳池，惟因該處修理不善，水源不足，水深倘不及臍，頗難應用。因決另行覔地開

本校棒球隊成立

棒球爲高尙之運動，不獨可以强健體魄訓練頭腦足以養成機警健全之身心，更因其動作時花樣甚多，規則複雜，故玩之者興味無窮，本校舒鴻先生向精是道，且提倡不遺餘力，自吾校遷校以來，同學人數已稍有增加，其間頗多此中名手，月前已成立棒球隊一隊，報名加入者瞬息二十餘人，共推棒球名將趙夢環同學爲隊長，隊員除有兩廣健兒，江南名手之外，更有燕趙秦晉戰士多人，體育課全體教員亦均加入，名將如雲，無不盡被羅致。自成立以來，注重平時練習，並已於前週舉行總練習一次於標營運動場中。由舒鴻先生親臨指導，一時謀臣如雨，陣勢緊張，博得觀者不少歡聲，球藝之進展，顯甚神速。近聞又將有第二次總練習之舉行，屆時當又有一番熱鬧也。

关于浙大成立棒球队、筹办游泳场的报道

宜山东门外磨坊

（原浙大游泳场旧址）

遵义次东门外的浙大游泳池

遵义洗马滩（当年是浙大师生的游泳场，河边是实验室）

浙大宜山标营操场，同学们课余打球

浙大在遵义的运动场

足球场

遵义体育场

宜山乐群社“正常杯”篮球赛浙大求是队优胜留念

浙大代表队参加第一届黔中八大学学艺竞赛优胜纪念（二排左四为舒鸿教授，摄于1944年5月）

男女篮球队留影（摄于1941年秋，从左到右，一、二排：王爱云、顾贻训、陈素子、范易君、黄佩文、梅镇安、王政先、胡素珠、郑佩芝、楼韵午、曾雁翔、潘佑君、陈素兰；三排：周中勋、沈崇焕、吴作和、刘奎斗、李树藩、韩定国、郑会持、刘理鑫、谢子朴、袁可志、李芬辰、蒋鸿彬、刘孝娴、舒鸿；四排：李学海、虞承藻、陶光业、孙百城、戴树本、唐尚志、黄焕焜、李元石、杨源庆、王文斌、吉上宾）

国立浙江大学湄潭分部女子排球队

遵义青年篮球赛男女锦标队（摄于1940年）

浙江大学篮球队（摄于 1946 年 4 月）

浙江大学篮球队参加贵阳赈灾义赛后合影

遵义第一届各界运动大会高级组总锦标队（摄于1942年10月）

浙江大学西迁至贵州，为了加强学校体育，保障师生健身运动，竺可桢毅然允准购置湄潭滨江背山的土地40余亩，建成400米跑道的运动场（时至今日，当地人民尚一直怀念和称颂浙大为贵州人民建造了第一座正规的田径运动场）

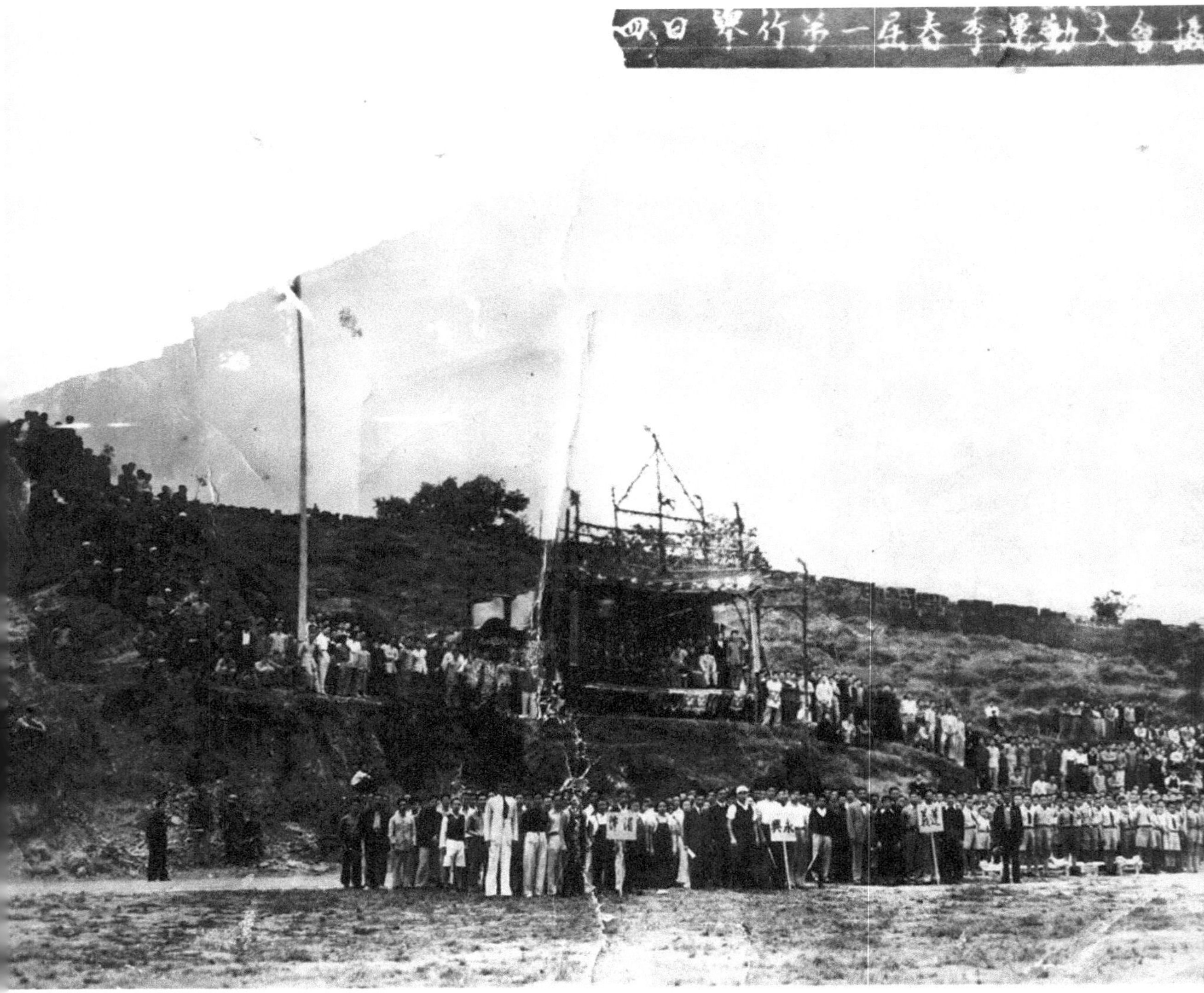

1944 年 5 月 4 日召开全校春季运动会（遵义、湄潭、永兴三地校区各组队参加，规模盛大）

第六章

战时学术

战火纷飞抵挡不住浙江大学攀登科学高峰的步伐。在困难重重的辗转办学过程中，浙大师生的科学研究工作却进行得有声有色，硕果累累。文、理、工、农、师范等学院都有重要研究成果问世。在当时中央研究院的科研记录中，浙大的学术论文数量及质量均名列前茅。中央研究院第一次选举院士，浙大有4位教授当选，仅次于北大、清华。虽然在非常艰苦条件下坚持办学，但浙大的学术空气之浓、师生科研水平之高，令来校考察的英国皇家科学院院士李约瑟大为惊叹，盛赞浙大为“东方的剑桥”。

（一）科研与学术成果

抗日战争时期是中国近代高等教育发展史上最艰苦、最悲壮的时期。由于日军入侵，中国内迁中的许多大学迫于战时条件，学校规模均比战前缩小，教学和科研水平也大受影响。而浙江大学虽经四迁校址，数度濒临战火，却克服了经费紧张、物价飞涨、空袭轰炸、生活贫困等一系列困难，教学很少中断，学校规模不断扩大，不仅为中华民族保存了一大批著名的专家学者，同时也培养了两千余名各类专业的优秀人才。更为突出的是，在竺可桢倡导的“求是”学风熏陶下，浙江大学还取得了一系列重要的科研成果，在国内外产生了重大影响，对当地经济、文化、科学和教育等方面的发展也起到了巨大推动作用。在艰苦的战争环境中，浙江大学由一所默默无闻的地方性院校崛起为在世界上具有一定影响的中国最好的四所著名大学之一，这不能不说是中国高教史上的一个奇迹。

从对抗战时期浙江大学取得一批重要科研成果的原因分析中可以得出：对于一所综合性大学而言，相对安定的治学环境可以说是其科研发展的外界必备条件；教学和生产的实际需求是其科研发展的动力；高水平的师资队伍建设是其科研发展的主体条件；图书仪器设备的充实是其科研发展的物质辅助手段；在校内外形成的多种形式的学术交流活动以及校长本人具备的杰出才能和优秀品格都将对其科研的发展产生极大的促进作用。

浙江大学召开中国科学社成立30周年学术活动，竺可桢校长作学术报告（李约瑟摄于1945年）

西迁办学期间的浙江大学，文、理、工、农、师范等学院都取得了许多引人瞩目的学术成果。

文学院有众多高水平的学术成果问世，如竺可桢的《二十八宿起源之时代与地点》，张其昀主编的《遵义新志》，谭其骧的中国历史地理学研究和《播州杨保考》，张荫麟的《中国史纲》，刘之远的《遵义锰矿》，任美锷与施雅风的《遵义地形》，缪钺的《诗词散论》，夏承焘的《词学》，王季思的《中国古典词曲研究》，丰子恺的中国画论，叶良辅的《地理学研究法》，以及师生合作对贵州贵阳、遵义、湄潭的气候、地形、地面发育、地理环境与人生关系等所做的研究，都是当时乃至今天极有价值的研究成果。

张其昀主编的《遵义新志》

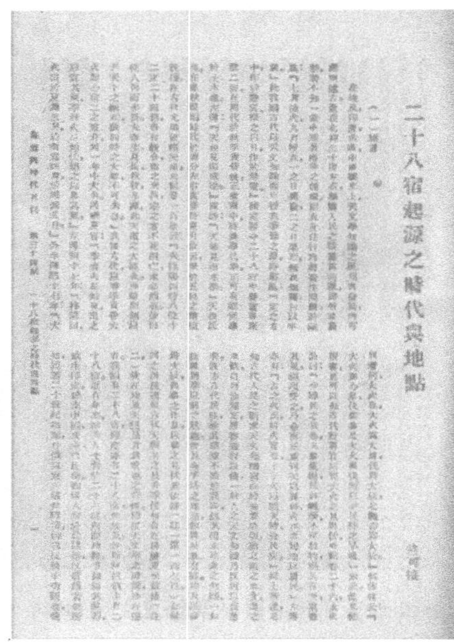
二十八宿起源之時代與地點

竺可桢的《二十八宿起源之时代与地点》

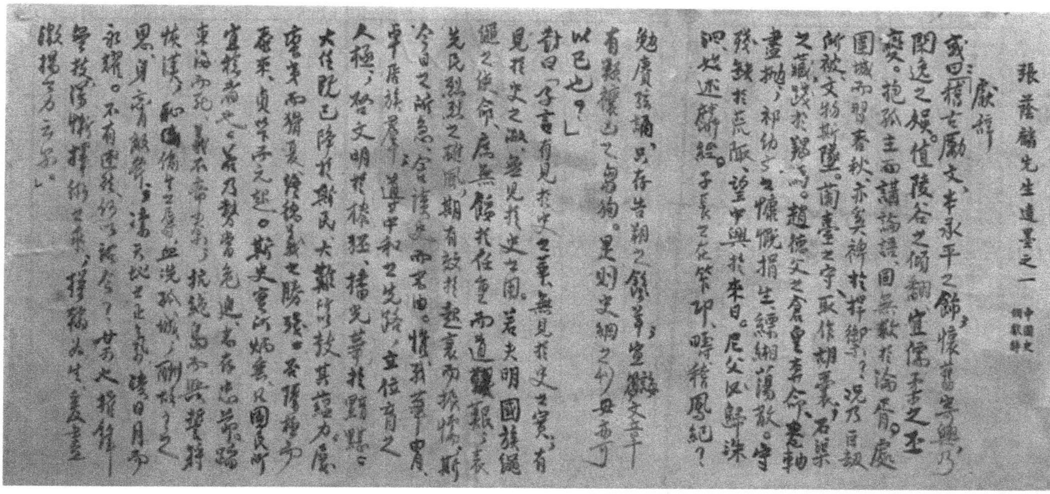

张荫麟手迹——中国史纲献辞

浙大文学院学术活动后合影

理学院的科研成果尤其突出，如苏步青的微分几何研究，陈建功的三角函数研究，钱宝琮的金元之际数学传授研究，王淦昌的中微子研究，束北星的相对论研究，卢鹤绂与王谟显的量子力学研究，周厚复的原子理论研究，何增禄的光学研究，朱福炘的应力研究，张肇骞的植物分类学研究，王琎对中国化学史的研究和古钱币的分析研究，王葆仁对氨基苯磺胺衍生物的合成的研究，张其楷对有机药物合成的研究等，都是在科学前沿取得的重大成果，有的还被认定为世界性的重大发现。1942—1945 年，中国物理学会贵州区年会先后四次在湄潭召开，宣读论文 50 余篇。

浙江大学理科研究所教师合影

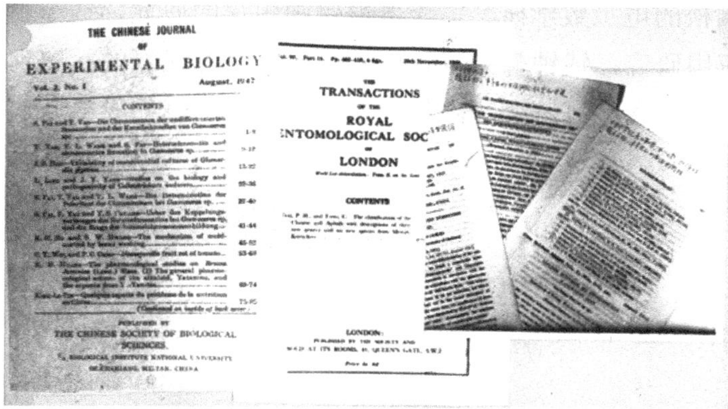

贝时璋先生发表在《科学记录》上的论文

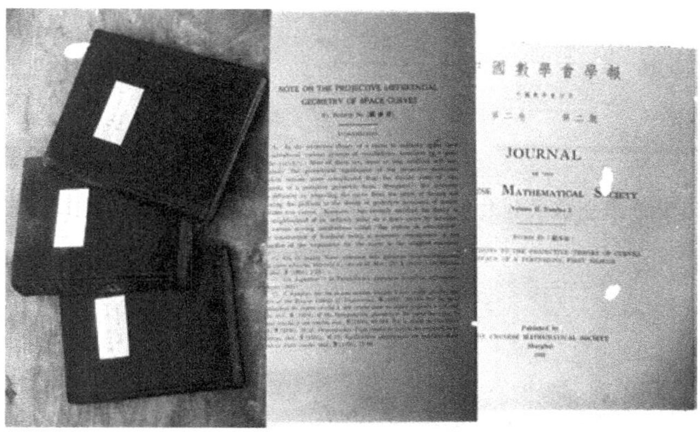

苏步青先生当年发表的论文

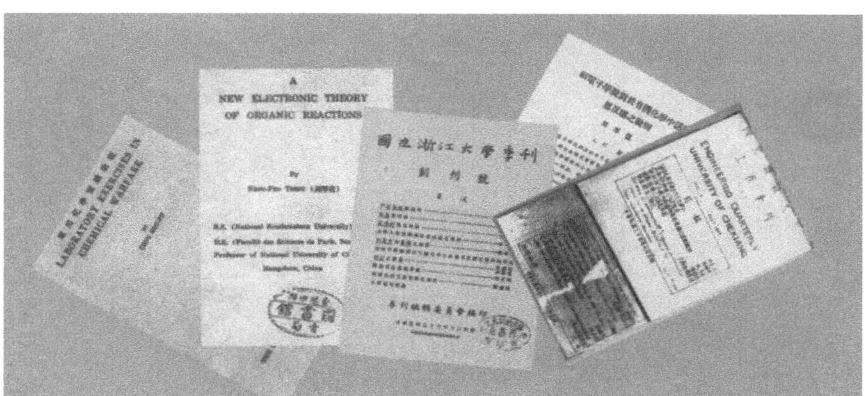

当时的部分学术论文

工学院王国松的电工数学研究，李寿恒对中国煤的研究，钱令希的悬索桥理论和余能定理的应用研究，钱钟韩的工业自动化研究，苏元复的萃取理论和工艺的改进研究，侯毓汾的活性染料研究等，都取得了高水平的研究成果。

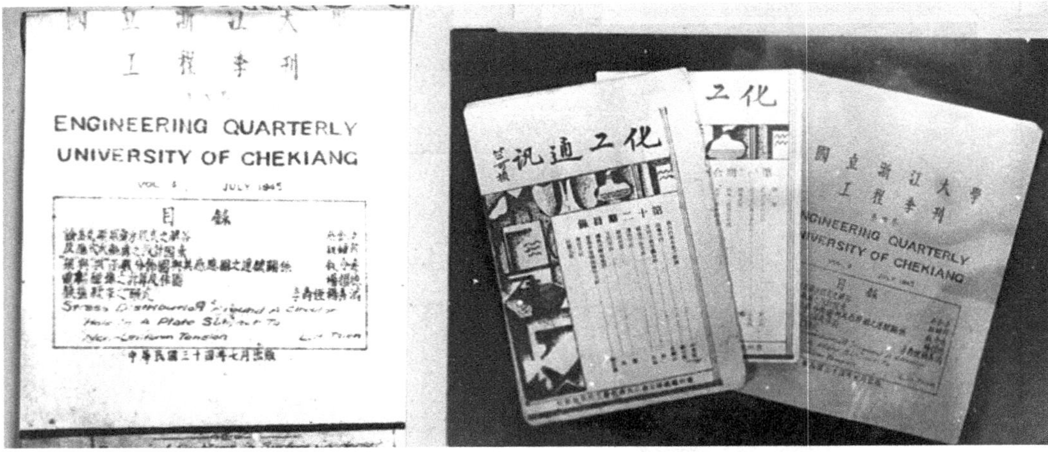

西迁时期的部分学术刊物：《国立浙江大学工程季刊》《化工通讯》

遵义洗马滩机工实验室前小亭王国松、陈晓光合影

青年教师王启东、陈晓光、马元骥在遵义机工实验室前小亭合影

农学院的成果则因地制宜，密切结合当地农业生产，取得的具体成果特别多。如卢守耕的水稻育种和胡麻杂交，孙逢吉的荠菜变种研究，吴耕民的甘薯、西瓜、洋葱等蔬菜瓜果新种在湄潭的试植和推广及湄潭胡桃、李梨之研究，熊同和的植物无性繁殖，林汝瑶的观赏植物，杨守珍的豆薯各部的杀虫，彭谦与朱祖祥的土壤酸度试剂，蔡邦华与唐觉的五倍子研究，陈锡臣的小麦研究，过兴先的玉米和棉花研究，储椒生的榨菜研究，罗登义的营养学，陈鸿逵与杨新美的白木耳栽培，葛起新的茶树病虫害，祝汝佐的中国桑虫，杨新美的贵州食用蕈人工栽培，蔡邦华的西南各省蝗虫、马铃薯蛀虫、稻苞虫研究，夏振铎的柞蚕寄生蝇，王福山的蚕丝增长，郑衡的柞蚕卵物理性状等研究，都是结合生产实际进行并取得成果的。

湄潭浙大农学院农场

师范学院的文科系成果在文学院，理科系成果在理学院，独有教育一系自成一家，也有不少成果。如郑晓沧的教育论著与译作，黄翼的心理学研究，陈立的智力测验与人格测验的研究，都是当时的新兴学科，其成果在国内外备受重视。

物理系王淦昌教授的《关于探测中微子的建议》（刊于国际著名杂志《物理评论》61 卷 97 期，1942），在当时的国际学术界有划时代的意义。而贝时璋、谈家桢、罗宗洛、蔡邦华、苏步青、陈建功、张荫麟等教授的研究成果也都达到了相当高的水平。当时，浙大的数学系、物理系和生物系在全国有很高声誉，化学系、化工系、史地系、电机系等也很有名。浙大的学生在全国学业竞赛和公费出国留学生选拔中常常名列前茅。浙大的声誉日隆，成为当时全国少数最好大学之一。

师生在湄潭土地庙合影（摄于 1938—1939 年间）

李约瑟

英国的科学史学家、皇家学会会员、英国驻华文化与科学协作代表团团长、剑桥大学的生物学家李约瑟博士（Joseph·Needham）曾于1944年先后两次参观浙大。李约瑟1944年10月到浙大参观时，原定三天，后李认为可看的东西和论文甚多，一再延后，结果李约瑟夫妇等到29日才离校。他对浙大在非常艰苦条件下的学术空气之浓、师生研究水平之高，十分惊叹。他在回国后于1945年10月27日出版的《自然》周刊上发表的《贵州和广西的科学》一文中对此作了高度的赞扬。他是这样记述的："浙江大学位于重庆和贵阳间的遵义，是中国四个最好的大学之一。校舍大部分是借用年久失修的庙宇；又因为遵义空屋不够容纳全部，所以理学院和农学院就设在向东约75公里的一个秀丽的县城——湄潭。""在湄潭，研究工作是很活跃的。"

李约瑟在参观浙大时的一次谈话中盛赞浙大是"东方的剑桥"。他在回国后的一次演讲中，称浙大、西南联大可与牛津大学、剑桥大学、哈佛大学相媲美。当然，这只是这位著名科学家所抒之己见，但也从中可以看到当时浙大教学、科研的成就和水平。但他看到的科研成果和艰苦情况，仅仅是一部分。浙大的各个院系，包括遵义、湄潭两处的许多研究工作都处于当时的科学前沿。

李约瑟在湄潭看到的教学实验场景

李约瑟与夫人在实验室

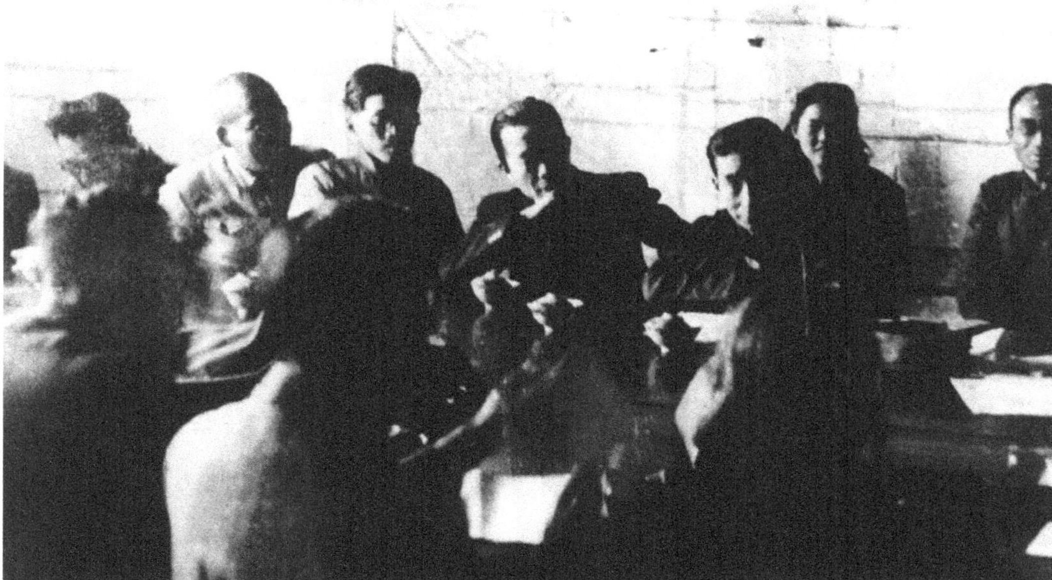

1944年10月，英国著名学者李约瑟访问贵州湄潭，这是他在浙江大学演讲时给听众拍的照片（前排正面右起：贝时璋、王葆仁、王淦昌、丁绪宝）

遵义水峒街3号（文科研究所史地学部旧址）

1942年8月，浙江大学研究院正式成立，同时增设理科研究所生物学部。浙江大学研究院辖有文科研究所史地学部、理科研究所数学部、生物学部、工科研究所化学工程学部和农科研究所农业经济学部共计四个研究所五个学部。竺可桢亲自担任浙江大学研究院院长。

浙江大学研究生教育是在抗日战争和西迁办学的艰难背景下产生和进行的。虽然起步相对落后，并遭受战争与迁校所带来的种种阻碍，但是在竺可桢校长的领导下，各研究所（学部）教授通力协作，形成了比较完善的管理制度，研究规模不断扩大，组织体系逐渐健全，凝聚了诸多科学大师，培养了大批优秀人才，创造了众多突出成果。

浙江大学化工研究所师生合影（摄于1944年元旦）

1943年2月28日，“湄江吟社”成立，诗社设在西来庵。

诗社成立之初，社员为七人：理学院数学系主任苏步青，一年级分部主任、数学系教授钱宝琮，国民参政会参政员、教育学家、中国职业教育社负责人之一、江希明教授之父江问渔（恒源），师范学院院长兼化学系主任王琎（季梁），中文系教授祝文白（廉先），中文系教授胡哲敷，农学院助教兼农场技士张鸿谟。后来，中央实验茶场场长、农学院教授刘淦芝和研究院院长郑晓沧教授加入，发展到九人。九君子中，只有江问渔先生不是浙大教师。

《本社设立旨趣及本刊编印例言》中写道：“本社为旅居黔北湄潭同人所发起组织，故定名曰‘湄江吟社’，社员初为七人，继增为九人。旨在公余小集，陶冶性情，不有博弈为之，犹贤大雅之讥，庶几其免。”以上第一条，其二为：“本社每月集会一次，由同人轮值任召集。自三十二年二月二十八日起，至同年十月二十八日止，中间曾因事停两次，自春徂冬，计历八次。”其三为：“本刊系汇录同人历次所作诗课，付之石印，因同人集会犹存，续编有待，故定名曰《湄江吟社诗存》第一辑。”其四为：“本刊编录同人历次所作，诗课之次序分三式：（一）凡取昔人诗句各字为韵，经同人分拈诗成，悉依原诗句各字之次第排列；（二）其为分咏景物之作，则依原景物之固有次第排列之；（三）如限一韵，则照同人姓字笔画，寡先多后，以为排列。”其五为：“本刊所录诗课，除同人正课外，其有关诸作，亦附列之。其次序排列，得酌照前式办理。”其六为：“本刊编印之目的，在记存一段文字因缘，藉为他日雪泥之证。若云问世，则吾岂敢！”

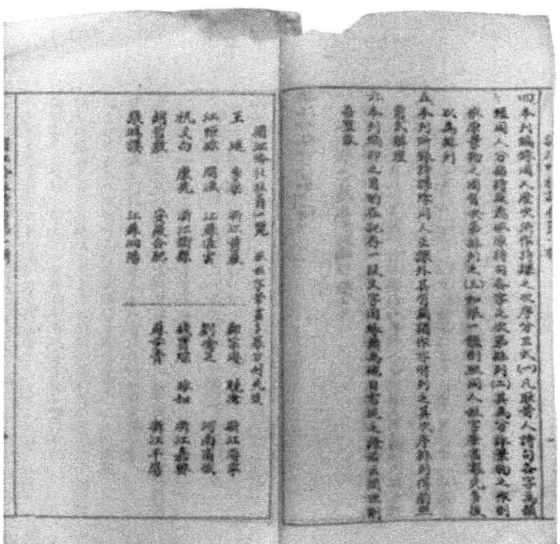
湄江吟社社员一览

从以上六条看，吟社成立旨趣在于陶冶性情，切磋诗艺，相互砥砺，抒发感情，丰富业余生活。社员们轮流做东主持，拈阄择韵，赋诗填词。湄江吟社在湄潭共举行八次活动，成诗百余首，后编辑出版《湄江吟社诗存（第一辑）》。

《湄江吟社诗存》与湄江诗社，成为中国大学精神文化的重要组成部分，具有重要的历史价值和长远的社会影响。2006 年 5 月 25 日，湄江吟社旧址（西来庵）作为湄潭浙江大学旧址的一部分，被列为全国重点文物保护单位。

湄江吟社，是浙大百余年沧桑历史中的一段佳话，也是浙大人物精神孕育的一朵绚丽小花。

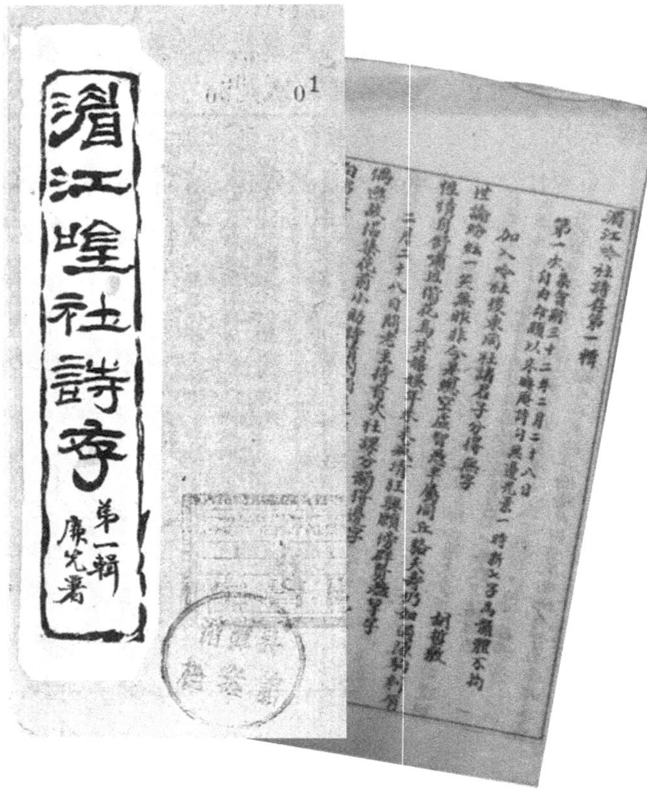

《湄江吟社诗存》书影

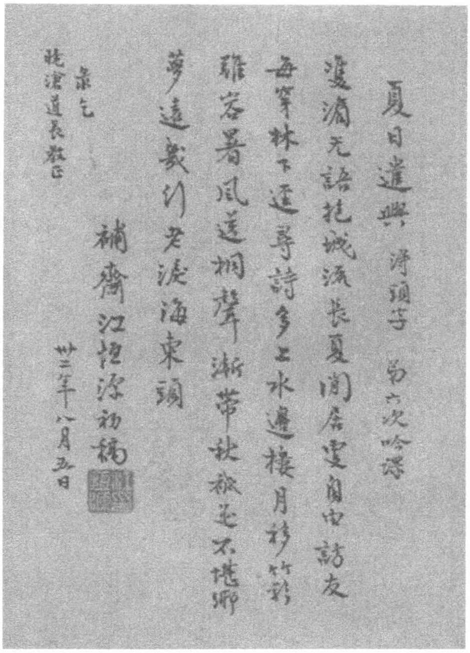

湄江吟社社员江问渔所作诗稿

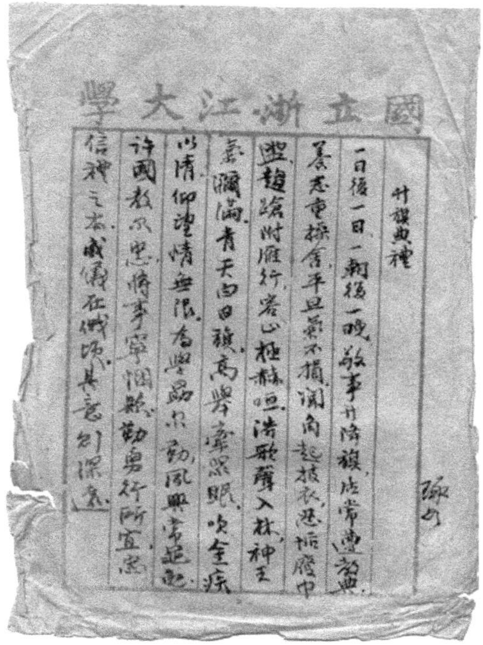

湄江吟社社员钱宝琮所作诗稿

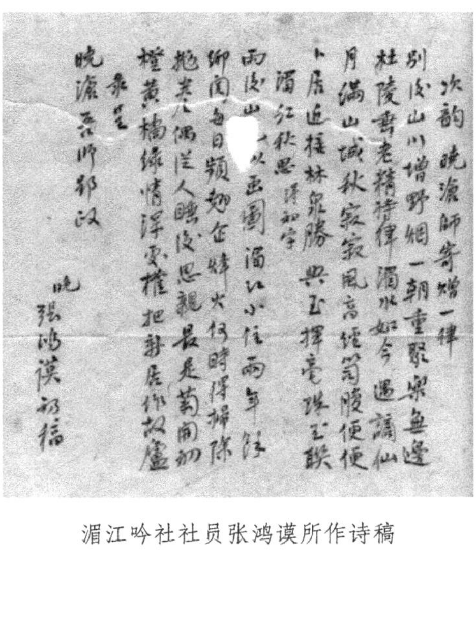

湄江吟社社员张鸿谟所作诗稿

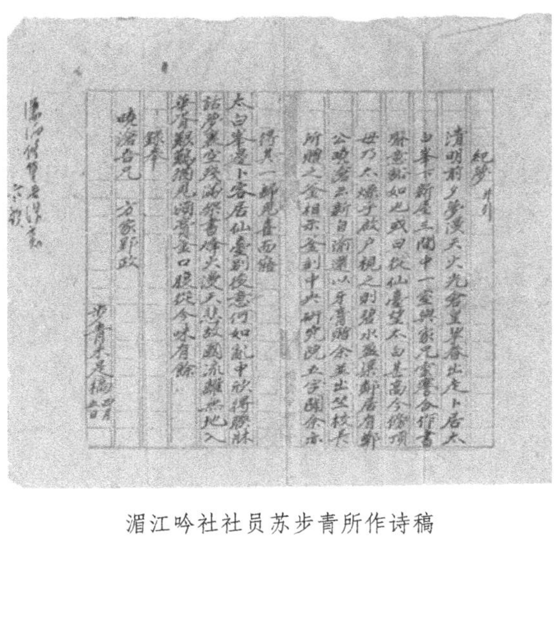

湄江吟社社员苏步青所作诗稿

西来庵（湄江吟社当年活动的地方）

（二）院士与名人

西迁时期的浙江大学，在竺可桢校长的主持下，积聚众多名师英才。在这期间任教或就学于浙江大学、后来成为中国科学院、中国工程院院士的师生人数达 50 余人，创造了中国高等教育史的一大奇迹。

▲两院院士中的浙大西迁时期教师：
（按姓氏笔画排序）

王　序　王淦昌　王葆仁　贝时璋　卢鹤绂　冯新德
任美锷　向　达　刘恢先　苏元复　苏步青　吴征铠
吴浩青　张肇骞　陈建功　罗宗洛　竺可桢　姚　鑫
钱令希　钱钟韩　徐芝纶　涂长望　谈家桢　黄秉维
梁守檠　蔡邦华　蔡金涛　谭其骧（28 位）

【王 序】

化学家。1940 年至 1941 年任浙江大学化学系教授。1980 年当选为中国科学院学部委员（院士）。

【王淦昌】

核物理学家。1936 年至 1950 年在浙江大学任教，曾担任浙江大学物理学系系主任，教授。1955 年当选为中国科学院学部委员（院士）。

【王葆仁】

化学家。1941 年至 1951 年任浙江大学化学系教授、系主任。1980 年当选为中国科学院学部委员（院士）。

【贝时璋】

细胞学家。1930 年至 1950 年任浙江大学生物学系教授、系主任，理学院院长。1955 年当选为中国科学院学部委员（院士）。

【卢鹤绂】

核物理学家。1945年至1952年任浙江大学物理学系教授。1980年当选为中国科学院学部委员（院士）。

【冯新德】

化学家。1942年至1944年在浙江大学化学工程学系任教。1980年当选为中国科学院学部委员（院士）。

【任美锷】

地貌学、海洋地质学家。1939年至1942年任教浙江大学史地学系。1980年当选为中国科学院学部委员（院士）。

【向 达】

中西交通史和敦煌学专家。1939年在浙江大学任教。1955年当选为中国科学院学部委员（院士）。

【刘恢先】

结构工程与地震工程专家。1944年至1946年间任浙江大学教授。1980年当选为中国科学院学部委员（院士）。

【苏元复】

化学工程学家。1941年至1946年任浙江大学化学工程学系教授。1980年当选为中国科学院学部委员（院士）。

【苏步青】

数学家。1931年至1952年任浙江大学数学系教授、系主任，教务长。1955年当选为中国科学院学部委员（院士）。

【吴征铠】

化学家。1940年至1952年任浙江大学化学系教授。1980年当选为中国科学院学部委员（院士）。

【吴浩青】

化学家。1935年至1941年在浙江大学化学系任教。1980年当选为中国科学院学部委员（院士）。

【张肇骞】

植物学家。1939年至1941年任浙江大学生物学系教授。1955年当选为中国科学院学部委员（院士）。

【陈建功】

数学家。1929年至1952年在浙江大学数学系任教。1958年调回杭州大学，任副校长。1955年当选为中国科学院学部委员（院士）。

【罗宗洛】

植物生理学家。1940年至1944年任浙江大学教授。1955年当选为中国科学院学部委员（院士）。

【竺可桢】

气象学家、地理学家和教育家。1936年至1949年任浙江大学校长，后任中国科学院副院长，中国科学技术协会副主席。1955年当选为中国科学院学部委员（院士）。

【姚鑫】

实验生物学、肿瘤生物学家。1937年至1945年，在浙江大学生物系任教。1949年留学回国后，再次任教至1951年。1980年当选为中国科学院学部委员（院士）。

【钱令希】

工程力学家。1943年至1951年任浙江大学土木工程学系教授。1955年当选为中国科学院学部委员（院士）。

【钱钟韩】

热工自动化学家。1937年至1945年任浙江大学机械工程学系教授。1980年当选为中国科学院学部委员（院士）。

【徐芝纶】

工程力学家。1937年至1943年任浙江大学土木工程学系教授。1980年当选为中国科学院学部委员（院士）。

【涂长望】

气象学家。1939年至1942年任浙江大学史地学系教授。1955年当选为中国科学院学部委员（院士）。

【谈家桢】

遗传学家。1937 年至 1952 年任浙江大学生物学系教授、理学院院长。1980 年当选为中国科学院学部委员（院士）。

【黄秉维】

地理学家、综合自然地理学家。1938 年至 1943 年在浙江大学史地学系任教。1955 年当选为中国科学院学部委员（院士）。

【梁守槃】

航空工程学专家。1945 年至 1952 年任浙江大学航空工程学系教授、系主任。1980 年当选为中国科学院学部委员（院士）。

【蔡邦华】

昆虫学家。1929 年到浙大任教，后离开。1938 年至 1952 年重返浙江大学任农学院教授、院长。1955 年当选为中国科学院学部委员（院士）。

【蔡金涛】

电讯工程学家。1944 年至 1945 年任浙江大学电机工程学系教授。1980 年当选为中国科学院学部委员（院士）。

【谭其骧】

历史地理学家。1940 年至 1950 年任浙江大学史地学系教授。1980 年当选为中国科学院学部委员（院士）。

▲两院院士中的浙大西迁时期学生：

（按姓氏笔画排序）

毛汉礼　叶笃正　朱祖祥　池志强　杜庆华
李政道　谷超豪　张友尚　张直中　陈吉余
陈述彭　胡济民　侯虞钧　施教耐　施雅风
施履吉　钱人元　徐承恩　徐　僖　郭可信
黄文虎　程开甲　程民德　谢义炳　谢学锦
戴立信（26位）

【毛汉礼】

海洋水文物理学家。1943年毕业于浙江大学史地学系。1980年当选为中国科学院学部委员（院士）。

【叶笃正】

气象学家。1943年毕业于浙江大学文科研究所史地学部。1980年当选为中国科学院学部委员（院士）。

【朱祖祥】

土壤化学家。1938年毕业于浙江大学农学院，后留校任教。1980年当选为中国科学院学部委员（院士）。

【池志强】

药理学家。1943年至1949年就读于浙江大学化学系、药学系。1997年当选为中国工程院院士。

【杜庆华】

力学专家。1937年就读于浙江大学。1997年当选为中国工程院院士。

【李政道】

物理学家。1943年至1944年曾在浙江大学物理学系就学。1994年当选为中国科学院外籍院士。

【谷超豪】

数学家。1943年至1948年就读于浙江大学数学系，后留校任教。1980年当选为中国科学院学部委员（院士）。

【张友尚】

生物化学家。1943年至1948年就读于浙江大学化学工程学系。2001年当选为中国科学院院士。

【张直中】

雷达工程学专家。1940年毕业于浙江大学电机工程学系。1994年当选为中国工程院院士。

【陈吉余】

河口海岸学家。1947年毕业于浙江大学文科研究所史地学部。1999年当选为中国工程院院士。

【陈述彭】

地理学、地图学、遥感应用学家。1941 年毕业于浙江大学史地学系，留校任教并就读研究生。1980 年当选为中国科学院学部委员（院士）。

【胡济民】

核物理学家。1942 年毕业于浙江大学物理学系，后留校任教。1980 年当选为中国科学院学部委员（院士）。

【侯虞钧】

化学工程学家。1945 年毕业于浙江大学化学工程学系，后留校任教。1997 年当选为中国科学院院士。

【施教耐】

植物生理学家。1944 年毕业于浙江大学生物学系。1991 年当选为中国科学院学部委员（院士）。

【施雅风】

地理学和冰川学家。1944 年毕业于浙江大学文科研究所史地学部。1980 年当选为中国科学院学部委员（院士）。

【施履吉】

细胞生物学家。1940 年毕业于浙江大学园艺学系。1980 年当选为中国科学院学部委员（院士）。

【钱人元】

化学家。1939年毕业于浙江大学化学系。1980年当选为中国科学院学部委员（院士）。

【徐承恩】

炼油工艺专家。1945年至1949年就读于浙江大学化学工程学系。1994年当选为中国工程院院士。

【徐　僖】

高分子材料科学家。1944年毕业于浙江大学化学工程学系。1991年当选为中国科学院学部委员（院士）。

【郭可信】

物理冶金、晶体学家。1946年毕业于浙江大学化学工程学系。1980年当选为中国科学院学部委员（院士）。

【黄文虎】

机械动力学与振动专家。1945年至1949年就读于浙江大学电机工程学系。1995年当选为中国工程院院士。

【程开甲】

理论物理学家。1941年毕业于浙江大学物理系，后留校任教。1980年当选为中国科学院学部委员（院士）。

【程民德】

函数论学家。1942年毕业于浙江大学理科研究所数学部。1980年当选为中国科学院学部委员（院士）。

【谢义炳】

气象学家。1943年毕业于浙江大学文科研究所史地学部。1980年当选为中国科学院学部委员（院士）。

【谢学锦】

勘查地球化学家。1941年至1945年在浙江大学物理学系、化学系就读。1980年当选为中国科学院学部委员（院士）。

【戴立信】

有机化学家。1947年毕业于浙江大学化学系。1993年当选为中国科学院院士。

▲据不完全统计，在浙大西迁时期任教过的著名学者还有：（按姓氏笔画排序）

丁绪贤　么枕生　马一浮　丰子恺　王国松
王焕镳　王　琎　王　庸　毛路真　卢守耕
叶良辅　田德望　朱庭祜　孙宗彭　李寿恒
李絜非　李熙谋　杨士林　杨耀德　束星北
吴钟伟　吴耕民　何增禄　沈思岩　张其昀
张绍忠　张荫麟　陈乐素　陈　立　陈训慈
陈鸿逵　陈　嘉　范绪箕　罗登义　周厚复
郑宗海　孟宪承　胡刚复　祝汝佐　费　巩
贺昌群　夏承焘　顾谷宜　钱宝琮　钱基博
徐震堮　郭斌和　黄尊生　黄　翼　萧　璋
梅光迪　梁庆椿　董聿茂　储润科　舒　鸿
雷沛鸿　蔡　堡　缪　钺　潘承圻　潘　渊等

【丁绪贤】

分析化学家。1944年起，任浙江大学化学系教授。

【么枕生】

气象学家。1945年至1946年、1948年至1952年，先后任浙江大学史地系副教授，地理学系副教授、教授。

【马一浮】

国学大师。1938年至1939年，应竺可桢校长之邀在西迁到江西泰和、广西宜山的浙江大学任教。

【丰子恺】

散文家、漫画家。1939年至1942年任教于浙江大学。

【王国松】

电机工程学家。1925年毕业于浙江公立工业专门学校，并留校任教。1933年回国，先后任浙江大学电机系系主任、工学院院长、副校长等职。

【王焕镳】

文史学家。1936年到浙江大学中文系任教。1952年起，先后在浙江师范学院、杭州大学任教。

【王 琎】

化学家。1937年起任浙江大学化学系系主任、师范学院院长、理学院代院长等职。1952年起，先后在浙江师范学院、杭州大学任教。

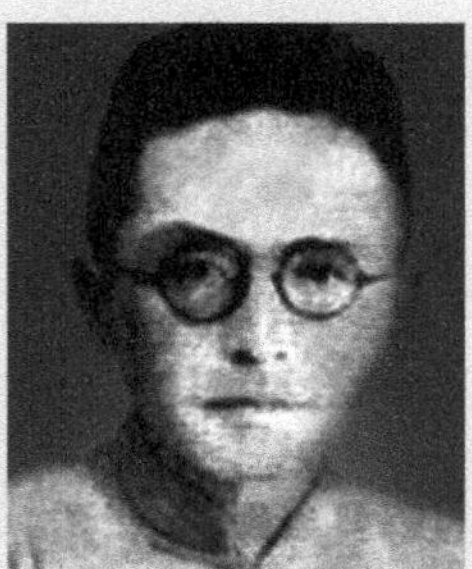

【王 庸】

地理学史家。1936年5月任浙江大学图书课主任。1938年任浙江大学史地学系副教授。

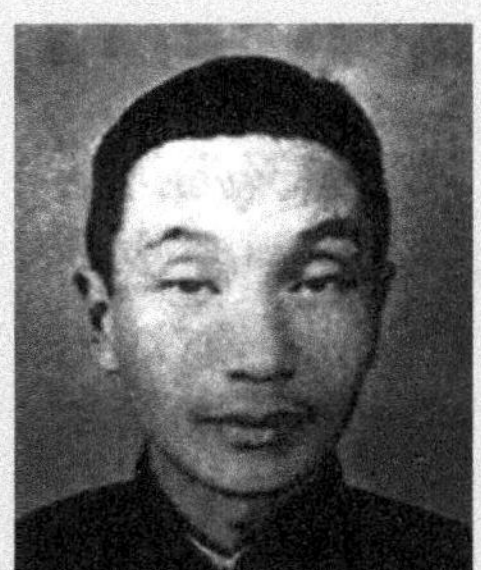

【毛路真】

数学家。1930年起在浙江大学数学系任教，1952年院系调整时期调任浙江师范学院数学系主任，次年调回浙大。1958年浙大恢复数学力学系，任系主任。

【卢守耕】

农业教育家。1925年至1930年，在浙江公立农业专门学校、国立第三中山大学、浙江大学任教。1936年至1945年，历任浙江大学农学院院长、农艺系系主任等职。

【叶良辅】

地质学家。1938年起一直在浙江大学任教，先后任史地系教授、系主任，史地学部主任，地理系系主任等职。

【田德望】

翻译家。1940年至1946年任浙江大学外文系副教授、教授。

【朱庭祜】

地质学家。1936年至1938年任浙江大学史地系教授。1946年至1952年，先后任浙江大学史地系教授、地理系教授、总务长等职。

【孙宗彭】

生理学和药理学家。1942年到浙江大学任生物系教授，1944年，创办浙江大学药学系任系主任。1952年调离浙大。

【李寿恒】

化学工程学家。1927年至1960年，先后任浙江公立工业专门学校、国立第三中山大学、浙江大学教授，化工系主任，工学院副院长、院长，教务长，副校长等职。

【李絜非】

历史学家。1936年入浙江大学工作，先后任文书课课员，史地系副教授、教授等职。

【李熙谋】

教育家。1927年，出任浙江大学工学院首任院长。1932年离开浙大。1939年，再次担任浙江大学工学院院长，直至1942年调离。

【杨士林】

化学家、教育家。1941年浙江大学化学系毕业后留校任教，历任化工系主任、化学系主任、副教务长、科研处处长、副校长、校长等职。

【杨耀德】

电机工程学家。1927年起，任浙江大学电机科、电机工程学系副教授、教授。

【束星北】

物理学家。1932年至1935年、1936年至1952年，二度在浙江大学物理系任教。

【吴钟伟】

土木工程学家。1927年至1949年任教于浙江大学，创建土木工程系，任系主任。

【吴耕民】

园艺学家。1927年至1933年，任浙江大学副教授、教授、园艺系主任。1939年重返浙大，先后在浙江大学、浙江农学院、浙江农业大学任教。

【何增禄】

物理学家。1933年至1935年，任浙江大学物理系副教授。1936年重返浙大，任物理系教授、系主任。1952年，在浙江大学创办光学仪器专业。1955年离开浙大。

【沈思岩】

声乐教育家。1942年至1952年，任浙江大学声乐学副教授。

【张其昀】

地理学家、历史学家、教育家。1936年至1949年，在浙江大学任教，先后任史地系教授兼系主任、史地学部主任、文学院院长等职。

【张绍忠】

物理学家。1928年至1935年，任浙江大学副教授、物理系主任，后又兼任文理学院副院长。1936年重返浙大，任物理系主任、教务长等职。

【张荫麟】

历史学家。1940年起，任浙江大学史地系教授。

【陈乐素】

历史学家。1942年起任浙江大学史地系教授。1952年后至浙江师范学院、杭州大学任教。

【陈 立】

心理学家、教育家。1939年起先后在浙江大学、浙江师范学院、杭州大学任教。1979年至1983年任杭州大学校长。

【陈训慈】

历史学家。1936年到浙江大学兼任史地系副教授，后任史地系教授、图书课主任。1939年任龙泉分校主任。

【陈鸿逵】

植物病理学家、农业教育家。1935年起，任浙江大学副教授、教授，植物病虫害系系主任。1952年后至浙江农学院、浙江农业大学任教。

【陈 嘉】

英国语言文学家。1935年至1938年，任浙江大学外文系副教授、教授、系主任。

【范绪箕】

力学家、航空教育家。1941年至1942年任浙江大学机械工程学系教授。1945年重返浙大，创建航空工程学系并任系主任。1952年调离浙大。

【罗登义】

农业生物化学家、营养学家。1939年至1947年，任浙江大学农化系教授、系主任。

【周厚复】

有机化学家。1933年至1940年，任浙江大学化学系教授、系主任。

【郑宗海】

教育家。1929年起，先后任浙江大学教育系系主任、教务长、龙泉分校主任、研究院院长等职。1952年后至浙江师范学院、杭州大学任教。

【孟宪承】

教育家。1929年至1933年、1938年至1941年、1946年至1951年，三度在浙江大学任教。先后任副教授、教授、教育系系主任、龙泉分校教务主任等职。

【胡刚复】

物理学家、教育家。1936年至1949年，先后任浙江大学物理系教授、文理学院院长、理学院院长等职。

【祝汝佐】

农业昆虫学家。1942年至1952年，先后任浙江大学植物病虫害学系副教授、教授，蚕桑系系主任。1952年后至浙江农学院、浙江农业大学任教。

【费 巩】

政治学家。1933年起，任浙江大学政治学副教授、教授。

【贺昌群】

历史学家。1937年至1938年，任浙江大学史地系教授。

【夏承焘】

词学家。1942年，任浙江大学龙泉分校中文系教授。1952年后至浙江师范学院、杭州大学任教。

【顾谷宜】

历史学家。1935年至1949年，任浙江大学史地系副教授、教授。

【钱宝琮】

数学史家。1928年至1956年，任浙江大学副教授、教授、数学系系主任等职。

【钱基博】

古文学家、教育家。1937年至1938年，任浙江大学国文教授。

【徐震堮】

语言学家。1939年至1952年，在浙江大学中文系任教，曾任龙泉分校中文系教授兼系主任。

【郭斌和】

语言文学家。1937年至1946年，在浙江大学任教，先后任中文系系主任、外文系系主任、师范学院国文系主任等职。

【黄尊生】

世界语学者。1940年至1945年，任浙江大学外文系教授。

【黄 翼】

心理学家。1930年起，任浙江大学教育系副教授、教授。

【萧 璋】

语言文字学家。1940年至1947年，任浙江大学中文系副教授、教授。

【梅光迪】

西洋文学家。1936年起，先后任浙江大学文理学院副院长兼外文系系主任、文学院院长等职。

【梁庆椿】

农业经济学家。1935年至1942年，任浙江大学副教授、教授、农业经济系系主任。

【董聿茂】

动物学家。1936年至1937年兼任浙江大学生物系副教授、教授。1939年后，曾任教浙江大学、浙江师范学院、杭州大学等。

【储润科】

化学家。1934年至1949年，任浙江大学化学系副教授、教授、永兴分校主任等职。

【舒 鸿】

体育教育家。1934年至1952年在浙江大学任体育教授、体育课主任等职。

【雷沛鸿】

教育家。1938年至1939年，曾任浙江大学主任导师。

【蔡 堡】

生物学家。1934年起，任浙江大学副教授、教授、生物系系主任、文理学院院长。1952年后至浙江医学院、浙江医科大学任教。

【缪 钺】

历史学家、文学家。1938年至1945年，任浙江大学中文系副教授、教授。

【潘承圻】

分析化学家。1927年至1937年，任浙江大学化工系副教授、教授。

【潘　渊】

心理学家。1941年至1949年，在浙江大学任教，先后任龙泉分校师范学院代院长、师范学院教育系教授。

第七章
抗日爱国基地

抗日战争，是攸关中华民族存亡续绝的一场苦战。抗战时期，浙江大学自“九一八”事变后的十四年中，一直和国家、民族同呼吸、共命运，在抗击外敌入侵的历史关头，浙江大学师生拥护中国共产党倡导的抗日民族统一战线，以实现国共合作为基础的全民族抗日战争。

浙大学生个个都是热血青年，他们跃身投入到蓬勃开展的抗日救亡运动中：有的上前线和日寇展开面对面的战斗；有的组织战地服务团，服务于前线将士们；有的参加各种抗日宣传队，以唤醒民众；有的奔赴延安，寻求革命的真理；有的在战场献出自己年轻生命……他们，都是浙大这所抗日爱国基地中培养出来的中华民族优秀人才。

浙江大学的抗日斗争，是中国人民抗日战争史的一个组成部分，也是世界反法西斯战争的一个组成部分，为中华民族解放、维护世界和平做出了贡献。

浙大师生冒雨参加杭州抗日救国市民大会

（一）抗日救亡宣传

1937年底，到浙西南地区参加抗日救亡的浙江大学部分女同学（左二起：张锡音、费恺、张小如、贵畹兰、顾钟英、查如棠、程为昭、吴知茵、陈怀白）

浙西南地区

浙江大学学生会在街头演出《放下你的鞭子》

【参考阅读】

……1937年“八一三”后，日寇在杭州湾金山卫登陆，浙大准备迁移建德，“民先”队员和部分进步同学，不愿随学校迁移，要求参加抗日斗争。11月，“民先”决定集体去延安，后因南京失守，未能成行。11月底得知黄绍竑新任浙江省主席，要实行“新政”，于是“民先”队员14人随即于12月初离浙大去金华。黄绍竑原拟在全省实行“新政”，因cc阻挠，最后只决定在云和、龙泉和遂昌三县试行。1938年1月，浙大的施平、周佐年、贵畹兰、陈怀白等被分到云和县，担任建设厅设在云和的乡村建设指导员（简称乡建员），从而在从事革命事业中走上新阶段。

到云和不久，怀白突然接到“父病危”的电报，她怕回家后卷入争夺家产纠纷，决定不回家。在云和三个月，和农民生活在一起，她爱那里的农民和孩子们，也爱那里的溪水和梨花。

怀白和同济大学的吕克仁在一个点工作，吕克仁介绍她参加了中国共产党。1938年7月5日，在党旗面前宣誓“为无产阶级事业奋斗终身！”

7月，云和县创办简师，由唐文粹、杭苇和陈怀白三人负责筹备。9月，简师开学，怀白和杭苇共事一学期，在相处的日子里，建立了友情。

……1939年6月，政治形势变化，县长被调离，大批同志随着离开云和，怀白去金华“浙江省战时儿童保育会”工作，负责创办《浙江妇女》。7月，杭苇也去金华，在“战时

《浙江妇女》杂志

文化资料供应室”工作，两人又相处在一起，进一步建立了爱情。8 月 23 日，组织上为怀白和杭苇举办了结婚仪式。后杭受党的委托，创刊《东南儿童》。年底，丽水党员杨礼耕（现名德和）邀杭苇去丽水县工作，遂决定把《东南儿童》迁移至丽水出版。随着政治形势的恶化，便决定离开丽水，刊物委托别人续办。两人到了金华，又经云和从皖南新四军军部到苏中抗日根据地。

——摘自杭苇《陈怀白传略》

（《校史一叶——纪念何友谅烈士暨浙大黑白文艺社文集，1995 年 12 月）

浙大14名同学参加抗日宣传队前合影

1937年12月初，在毕拱华的租屋前合影，共14人，后有张小如和窦祖麟加入，分坐小船两只，离建德浙大到金华上陆，后到丽水，参加抗日宣传队（姚凤仙过三个月后也去）。后来又分散到云和、瑞（遂）昌、松杨（阳）、庆元等县。

自左至右，前排坐者：费渠华（恺）、陈怀白、查汝棠、吴知因（毕拱华之妻，非浙大学生），贵婉兰、施尔宜（平）。

后排站者：侯焕昭、刘礼敬、周佐年、周国俊、张启权（毕来）、毕季方（毕拱华之弟，非浙大学生）、毕拱华（平非）、汪湘。

此照片由周佐年捐赠，现藏浙大档案馆。

【参考阅读】

1936 年秋，我考进了国立浙江大学。这是一所校风淳朴的学校，同学们大多在埋头读书。刚刚赶走了校长郭任远，迎来了爱国而富有正义感的竺可桢校长。当时我所读的外国语文学系一位进步教授陈逵老师，常拿美国的进步刊物《新群众》、英文版《中国呼声》和史沫特莱等进步作家的作品给我们看。后来又介绍我熟悉同系高年级同学陈怀白。在女同学眼里，陈怀白是个怪人，时常板起一副脸，走路仿佛也在思考着什么问题。但同她熟悉以后，感到她其实是个很有正义感，很热情的人。同年十月，得知鲁迅先生逝世的沉痛消息后，同学们举行追悼会，灵堂上她写的一副黑底白字大挽联：“先生不能死了拉倒，我们还要继续战斗”，给我留下极深刻的印象。这一年的年底，陈怀白介绍我去参加一个文艺团体的成立大会。会场上大约有三四十人。发起人说明了宗旨以后，土木系的周存国提议这个团体取名黑白文艺社，并解释说，一是为了长念不忘我国被日帝侵占的领土黑水白山（即黑龙江和长白山），要为收复失地而奋斗；二是表明我们必须是非分明，就如黑白分明一般。当场一致通过，并推选教育系的张启权（现名张毕来）为社长。黑白文艺社就这样诞生了。

半年多以后，抗日战争爆发。1937 年暑假，我因事去了上海一趟，回来时学校里的气氛已经大变。黑白文艺社常组织我们去街头宣传：三、四个人一组，带一条长板凳，在过往行人多的地方，轮流站在板凳上向民众宣传。演讲的内容很简单：日本强盗打来了，我们不能做亡国奴，大家要有钱出钱，有力出力，一致抗日。大概因为这事与每一个人都休戚相关，听的人还不少。我们也就感到非常兴奋。同时陈怀白和贵畹兰又介绍我给校内的《抗敌三日刊》写一些宣传抗日的诗歌，有时还去帮着刻蜡板。这时候，黑白文艺社的活动大多是与黎明歌咏队一同进行的，如教群众唱救亡歌曲和慰劳伤兵等。记得有一次我们由周存国带队，去一个伤兵医院慰劳，我们排着队在病床前刚满腔热情地唱了一句：“你们正为着我们老百姓，为着……”，有一个伤兵就破口大骂起来：“我们在这里等死，你们还唱……”，我们只好垂头丧气退了出来。后来我们了解到，当时伤兵医院的条件太差，伤兵们正憋着一肚子气。为了支援前方，学生自治会还发起献金运动，“黑白”的社员们大多踊跃捐献。那时我们都很天真，以为一抗日，大家有钱出钱，有力出力，什么问题都解决了。至于捐献的金器到底进了谁的腰包，是想都没有去想的。

后来，国统区前方节节败退，我们开始失望了。11 月 5 日，日军在江浙交界沿海的漕泾、金丝娘桥登陆，离杭州已经不远了，学校不得不迁往建德。建德旧称严州，是个古城，县城很小。我们虽然仍在教民众唱救亡歌曲，但情绪已很低落。黑白文艺社的骨干分子陆续离校，有的到

浙江大学黑白文艺社 1940年6月欢送毕业社友留影（前排自左至右分别为王树椒、徐伊伯、何友谅、周存国、施履吉、梁德荫、胡玉堂、陈履寿、周瑞华、何琏玉；中排自左至右分别为王天心、庄表、陈天保、萧学恺、盛家廉、张哲民、钱克仁、庄自强、钱汝泰、潘际炯、姚凤仙、庞曾漱、王蕙；后排自左至右分别为曹蓉江、周邦立、解俊民、吴恕三、朱传钧、潘传烈、陆以楚）

黑白文艺社是由一批浙江大学的爱国进步学生自发组建的抗日学生文艺社团。在日寇逼近、时局危急的大环境下，他们怀抱爱国远志，投身抗日救亡运动，是爱国进步学生之中坚。

浙南去参加抗日民主政权的建设工作，有的去延安，有的到其他地区去参加抗日救亡工作。……

……一天晚上，回校复学的周存国和钱克仁一同来找我了解浙大的情况。怎么说呢？在泰和的半年多来，浙大与世隔绝，像一潭死水。当然，在大原书院的一年级是例外，他们有个“呐喊团”，救亡工作搞得很活跃。“黑白”则仿佛已经解体。他们谈了许多外面的见闻，说要把“黑白”和“黎明”（歌咏队）恢复起来，在浙大开展救亡工作。临走时，周存国给我两本书，要我仔细读读。他们走后，我就认真地读了起来。记得那两本书，一本是《新哲学体系讲话》，一本是《新哲学大纲》。上面所讲的哲学与我以前所看到的完全不同。对于我的迷惘，仿佛拨开了云雾，使我看到了人生的新的意义。

几天以后，周存国邀集了七八个同学，大多是以前黑白文艺社的社员，在龙江边的一个岩洞里开会，讨论恢复黑白文艺社的问题。我们都同意让农经系的滕维藻来当黑白文艺社的社长，因为在泰和时，一次作文比赛，滕维藻荣获第一，我们戏称他为状元，由他来担任社长，是名正言顺的。他曾写大字报反对过国民党不让学生搞抗日救亡运动，而且为人正直、诚恳，一定不负众望。接着就召开黑白文艺社的社员大会，使这个进步团体，获得了第二次生命。与此同时，黎明歌咏队也恢复了，校园里响起了振奋人心的救亡歌声，重新有了生气。随着形势的发展，周存国对我们说，推动全校抗日救亡运动，需要一个核心。我们七八个人常在一起学习马列主义和研究如何开展救亡运动，逐渐形成了一个“核心”，后来取名“拓荒社”(1940 年以后，改称马列主义小组)，是个不公开的组织。当时我们的做法是：先在同学中物色爱国而有正义感的人交朋友，经常在一起谈心，谈人生观、世界观，谈对现实的看法，也谈生活中的种种感受，介绍他们阅读进步书刊和参加各项抗日救亡活动；然后介绍他们参加黑白文艺社，在“黑白”中经过一段时间的考察，再吸收到“核心”中来。这样，黑白文艺社的队伍逐渐壮大起来，最多时达到五六十人。

这时候，黑白文艺社分成哲学、社会科学和文艺三个小组进行活动。社员自由参加，我几乎每个组的活动都参加了。哲学和社会科学组经常举办专题讨论会。记得社会科学组第一次聚会是讨论“中国社会的性质”问题。当时我们的水平都不高，有人说是次殖民地，有人说是半封建半殖民地，争得面红耳赤，但大家的态度很认真，情绪是热烈的。哲学组讨论世界观问题，当时叫做宇宙观，讨论存在决定意识，还是意识决定存在。……

“黑白”，说是文艺社，其实早就超出了文艺的范围。哪有文艺团体老是在讨论什么社会性质呀，宇宙观、人生观呀，抗日战争是持久战呀等等问题。大多数同学认为是一个“左倾”的团体，但有的说是共产党的外围组织，有的干脆说就是共产党。我们那时虽然都还不是共产党员，也没有党的直接领导，但我们有党的思想、方针引路，有共产主义的理想在召唤，我们感到自豪。……

——摘自周微林《我们的摇篮——回忆浙大黑白文艺社》
（《校史一叶——纪念何友谅烈士暨浙大黑白文艺社文集》，1995 年 12 月）

浙大学生组织民众集会，宣传抗日救国

【参考阅读】

……大可：我脱离长沙的工作返校复学，钱炜脱离南昌的救亡团体考入浙大师院史地系，动乱一年之后，全家在宜山团圆了。

我那时在宜山标营有个铺位，恰好周存国亦从延安回来了。周与我本是土木系的同班同学，感情是好的。他在延安也当过史沫特莱的译员（顺便告诉你，史的中文名叫施爱德，在长沙时，她送我一张中文名片）。连着好几个晚上周与我在宿舍大摆龙门阵，各谈在校外的许多见闻，哄满了一房间的人来听我们"吹牛"。当时有人来轧苗头，我就把凯丰著的《论抗日民族统一战线》的小册子借给他看。我们的吹牛引起同学很大兴趣。周与我同去看由浙南回来的姚凤仙，她是和贵畹兰兄妹两人同去浙南搞黄绍竑的新政建设的，当时贵兄是共产党员，不幸在当地病故了。姚旅途劳顿，病倒在宿舍，躺在病榻上和我们谈话。她建议我们去约周微林谈谈。微林详细地谈了许多校内同学的情况。交通大学转学来的高昌瑞也来和我们交换意见（他参加上海地下学联工作，被交大除名，转来浙大）。存国、凤仙、微林、昌瑞和我五人碰头谈了几次，决定联络天目山（四一级所在地）的呐喊团恢复黑白社的活动。那时全校只有呐喊团在做救亡工作，他们组织步行宣传队，从江西走到宜山。你老兄曾湝也参加了，接触了老百姓，见他们食不果腹，衣不蔽体，不知有抗战，只知交公粮，感动得说出"要为祖国和老百姓效力"的豪言壮语来。他与呐喊团的人一起加入了黑白。黎明歌唱队同时恢复活动，由我出面在庆远中学教唱抗战歌曲，打算学会了去教广西老乡。

黑白恢复活动之初是组织哲学讨论，也讨论人生观问题，后来老社员加新社员人数增加到一定规模，便选举滕维藻为社长。下分各类学习小组，约一两个星期讨论一次。一次在文庙西侧的教室里黑白的十来个骨干提出想办一个壁报，提个什么名称呢？周存国或周邦立提出"卫星"二字，不言自明，它将绕着共产党转，大家都说好。壁报两星期出一次，挂在文庙大殿的一侧，每期篇幅约十六至二十张三百字的稿纸。每期必有周存国写的短评，精辟有力。其余诗、文、漫画、通讯都精彩，引来不少读者。刊头有刊名和黑白社的图章。后来改为油印本，周微林和顾源都写得一手好仿宋，周存国用小刷子精心印刷，然后装订成册。

高昌瑞在大辩论之后以学生会服务部长身份和王爱云积极筹划义卖。文庙进门处像拍卖场一样，师生竞相争购珍品，抬高价格，为抗战将士募得可观的一笔钱，竺校长也有贡献的。我祖母义卖粽子，"钱宝琮老太太义卖粽子"的大幅横标挂在街上，还挂到文庙门口，卖粽子共得百元。这次义卖活动之热烈大大激发了当地群众和全校师生的抗日救国的热情。晚上学生会在文庙教室里办民众夜校，黎明队员教歌认字。那时浙大学生大约四百人，黑白三十至四十人，黎明五十至六十人，因此黑白、黎明在学生会的活动中是能起些作用的。1939 年 1 月的反汪事件中，情况愈加显示出来了。

在上述活动的同时，存国、凤仙、微林、昌瑞、维藻和我在标营草棚教室里开过三天（三次）会，郊外僻静的地方也去过。昌瑞有个发言，大意说：我们这些人聚在一起是历史的必然，因为大家对国家的前途有共同认识，希望大家团结一致。存国提出要有一个组织，是没有共产党正式领导的情况下我们自己的组织。如果有了党的领导这个组织就自行解散。存国谈到事情多了要有分工，于是有总务、宣教，组训三个职务名称的提出。1939 年 4 月前后加入的人多了才有正式人选，我是总务，哲民是宣教，组训是存国还是邦立已记不清了。有人说存国从来不担任职务，但大家公认是我们的中心。整个组织没有名称，有叫它“团队”或“核心”的，但亦不大叫它。

长虹：周邦立从来称它为“拓荒”。他还说，最早他就主张称马列小组，1940 年后才被采纳。我加入时，周存国给我看了拓荒社的章程，是学习马列主义的秘密团体，因而每人需有一个别名，不使别人知道我们之间的关系。你记得五个人的别名，我还可补充一些。周存国是柯漓，姚凤仙是冯茗，周微林是白渲，钱炜是金希健，高昌瑞是王美（原名有“王”字旁），吴恕三是舒山，周邦立是孟晋，陈天保是胡大乐，不记得其余人的别名了。那次会上还提出同志之间最好不要过分亲密或谈恋爱。会后共同筹备今后工作。我记得讨论艳电之外，还讨论了选何友谅为社长以及学生会竞选的问题。那时要求每人到社员中去或周围熟悉的同学中去做“影响”工作，不可简单从事。我第一次辨触“个别影响”这个工作方法，使我日后受益匪浅。我一直认为不论在什么工作岗位，当支书或普通党员，党的决定从来应该通过工作使群众接受，而后以民主讨论的办法使其实现。从来不应该是行政命令强迫非党员照办。即使党掌握了政权也应如此深入群众，才能真正体现党的领导。……

——摘自钱克仁《忆往谈故录——大可长虹通信选辑》

（《校史一叶——纪念何友谅烈士暨浙大黑白文艺社文集》，1995 年 12 月）

宜山民众集会

浙江大学龙泉分校在龙泉时，正是抗日战争的艰苦年代。这一时期，龙泉分校学生受中国共产党地下党员的指导，爱国运动蓬勃发展，成为当时爱国进步力量较强的学府之一。

1941 年 5 月，浙大（龙泉分校）歌咏队摄于浙江龙泉芳野（该片系临时集合照的，缺不少人，特别是全体女队员）

1943 年遵义浙大音乐会（左起：朱兆祥 、庄裘、沈思岩 、王嘉福）

浙大合唱团在遵义

龙泉县立民众剧场公演广告

民众剧场演出的剧照

1943年8月，浙大龙泉分校“芳野剧艺社”，结合抗日救国募捐，先后在江西会馆公演《北京人》和巴金的名剧《家》

江西会馆（现龙泉市江滨路文体厂旧址。抗战期间，浙大龙泉分校的许多抗日救亡宣传活动在此举行）

（二）战地服务团

战地服务团的活动，在广西宜山规模最大、影响最深的一次是 1940 年 1 月浙大战地服务团到广西宾阳前线的慰问活动，包括前期的“大塘宣传队”的活动。战地服务团贯彻抗日民族统一战线政策，吸收不同政治倾向的爱国学生参加（共 77 人，其中女生 17 人）。“拓荒社”的张哲民、周邦立、庄自强组成了该团秘密的核心小组，推选潘家苏任团长，庄自强任副团长。

浙大战地服务团于 1940 年 1 月 8 日出发，竺可桢亲自授予团旗，11 日首批从宜山到达前线。2 月 2 日宾阳失守，活动在昆仑关最前线的服务团，奉命撤下火线，退出战线。当时浙大已经迁往遵义，战地服务团全体团员于 2 月 14 日经宜山，在开学前赶到遵义汇合。

2 月 25 日服务团召开总结会议，竺可桢校长听取了汇报。

国立浙江大学战地服务团团旗

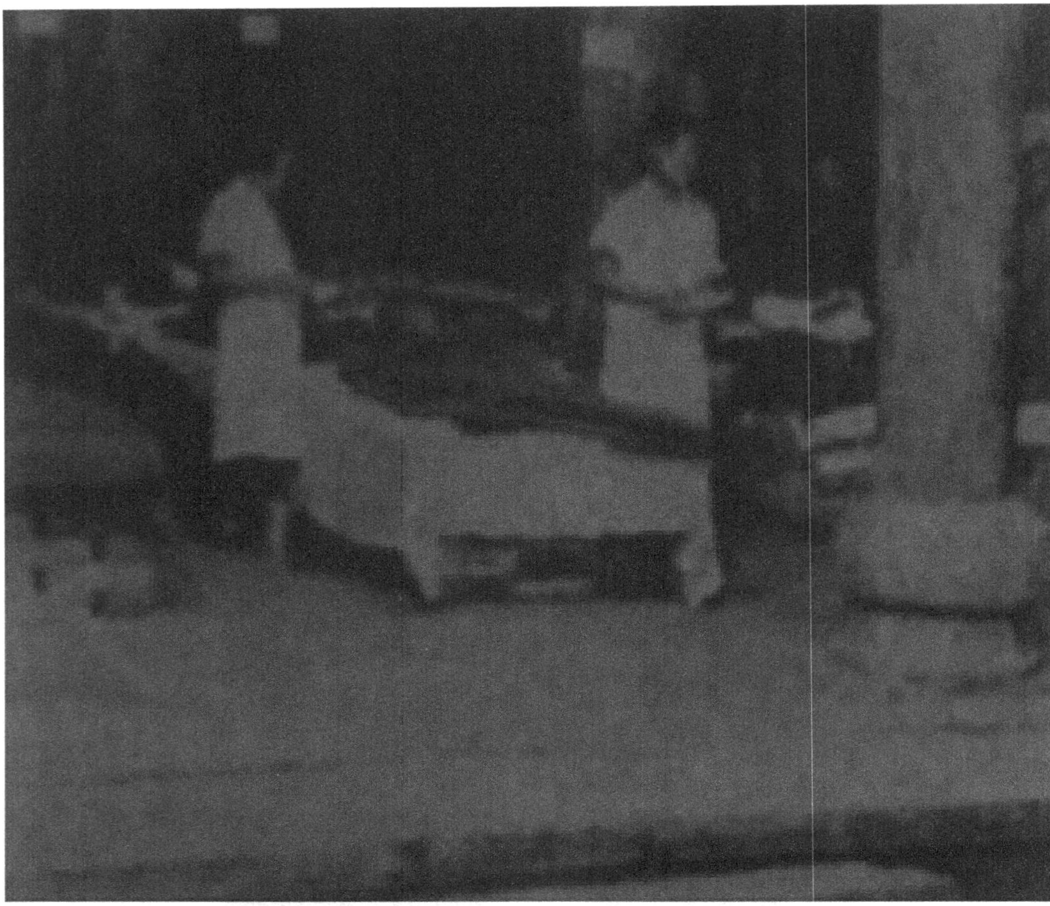

抗战期间，浙大学生服务伤员

浙大战地服务团团歌

作词：黄尊生（法文教授） 谱曲：沈思岩（音乐教授）

战地服务随军去，随军去，把大家的敬礼带给前线兵士，把我们的热血献给前线兵士，把祖国的灵魂递给前线兵士。

战地服务随军去，随军去，向前线的弟兄数杀敌的功勋，向前线的弟兄鼓必胜的精神，向前线的弟兄传中国的国魂。

战地服务团部分成员名单

周瑞华（女，外国语文学系）
陆曼琦（女，生物学系）
王文珏（外国语文学系）
戴行均（农业化学系）
庄自强（化学工程学系）
吴恕三（机械工程学系）
刘昌汉（土木工程学系）
彭世勋（土木工程学系）
陈素子（女，图文学系）
龙雅娱（女，农业经济学系）
虎　黑（化学工程学系）
朱芬芬（女，外国语文学系）
乔新民（化学工程学系）
姚凤仙（女，化学工程学系）
范文涛（女，外国语文学系）
钱　炜（女，史地学系）
陶光业（机械工程学系）
蔡　骅（化学工程学系）
潘传烈（化学系）
刘颂尧（土木工程学系）
冯绍昌（电机工程学系）
周敏先（女，化学系）
张哲民（土木工程学系）
段若青（女，外国语文学系）
王世谟（史地学系）
曹煜亮（化学工程学系）

服务团成员在大塘野战医院，为伤员代写家信，分送纪念品，演唱抗日歌曲，护理伤员

大塘镇桥孔村

大塘镇桥孔村前小溪上，原有两排草房，为野战医院（草房无存，改作良田，但豪气尚存）

大塘镇南一公里的桥孔村，1939 年 2 月设兵站，11 月中旬后改一五八野战医院，成为昆仑关战役的前线

浙江大学战地服务团

（三）离课堂，上前线

浙大从军同学入伍周年纪念留影（摄于1946年1月15日）

参加东战场游击队12名同学（刘奎斗，电机系；吉上宾，土木系；汤兰九，电机系；王家珍，电机系；程羽翔，电机系；洪鲲，电机系；丁而昌，土木系；程民德，数学系；黄宗麟，化工系；虞承藻，电机系；陈家振，土木系；李建奎，化工系）

【参考阅读】

……我和一位中尉工兵军官担任钱塘江东岸义渡码头的爆破工作，洪鲲和另八位同学则随同工兵教官在钱塘江大桥布置炸药，并负责在深夜乘快艇到义渡码头附近接应我们。如果我们不能在炸毁钱塘江大桥之前完成任务，则乘快艇渡江。我们在深夜一时许开始放置炸药，三时许我点燃了火线，几声巨响，完成了义渡码头的爆破，于是乘着三轮机车冲过了钱塘江大桥。四时许，一阵阵如雷响声，钱塘江大桥大半炸毁了，阻止了敌人机械化部队快速的行动。……

——摘自刘奎斗《怀念并肩作战打游击的九位同学》

被炸毁的杭州钱塘江大桥

南京大屠杀的场景

行进中的浙西游击队

【参考阅读】

王（世谟）的信摘要如下：

……1941 年春皖南事变后不久，我同虎罴、乔坚（新民），曹铨（煜亮）得到费巩老师的掩护，悄悄地离开了浙大，经贵阳、柳州到桂林，在桂林稍作停留后分批经香港到上海。我同乔坚先到新四军抗大总校五分校（当时抗大在盐城），曹煜亮和虎罴因在家要做些安排，他俩后来才到新四军一师某干校参加了革命。当时正值敌人扫荡，虎罴不幸在激战中牺牲了。当时曹煜亮知道。我和乔是听曹说的。我们四人在部队很少联系，以后又无固定地址，直到“文化大革命”因受审查，才了解到一些情况。乔坚在前年患癌症也在北京去世了，现在只剩我和曹煜亮了。

1941 年夏季和虎罴分手后，对虎的情况一无所知，前几年有一次去南京看曹，他带我去看了小虎的哥哥。他哥哥家境贫困，由曹出面请政府做过些照顾。关于小虎的情况，曹是非常了解的……

曹（煜亮）的来信摘要如下：

……我是和虎罴一同去广西宜山浙大求学的，而且彼此形影不离，你既参加过战地服务团，我们也是认识的，我们一起在大塘、迁江、宾阳、昆仑关工作过，还记得男生有潘家苏，女生有钱炜等。回忆当年，不禁神驰。关于虎罴的几个问题：

1. 虎罴是化工系，王铿（世谟）是史地的。当时他和我在一个学生连队当副班长，带了六个同志和鬼子拼死的，殊为壮烈！

2. 当时我写过一篇短文追悼他，并保存他的一些遗物。后来几次死里逃生，散失殆尽。

3. 他家老母 90 多岁才去世，迄今已过十年。他家里和我不断来往，这次我们来哈就是探访他的侄儿（省市劳动模范，很受人尊敬）。

4. 我处有虎罴集体照和单人照各一，如果来京，我一定带给你和冯老师看看。

1983 年 11 月 8 日，曹又来第二封信，写给冯和我的。曹说：“我们都已进入晚年了，对于当年某些旧事，常常彼此萦怀。再过一个月，就是虎罴逝世 43 周年。那是 1941 年 12 月 9 日，恰恰是日寇发动太平洋战争的那一天，竟成永别。我和他认识不过两年多时间，从 1939 年暑假开始，我们一起从重庆经贵阳到宜山，我们相互赏识，一起参加战地服务团，战地归来，一起从宜山步行到青岩，一起做功课，一起参加社会活动，一起找书看，一起交朋友，归结到一点，一起探索人生……由于年龄和水平相同，我们一见如故，从此便不分彼此，一直到永别。这也是我一生中最宝贵的友谊。直到牺牲，他还没来得及入党……"

——摘自段若青《他永远活在我们心中——忆虎罴二三事》

（《校史一叶——纪念何友谅烈士暨浙大黑白文艺社文集》，1995 年 12 月）

虎罴（1916—1941），江苏南京人，1939 年考入浙江大学化学工程系。1941 年春参加新四军奔赴抗日前线，与日寇厮杀，不惜献出年轻的生命。

第八章

服务地方

竺可桢出任浙江大学校长以来，以培养“公忠坚毅，能担当大任，主持风会，转移国运”的优秀人才为育人目标，要求浙大学生们不能以学得一点专门的知识为满足，而要“将来能在社会服务，做各界的领袖分子”，要能服务地方，振兴国家，肩负起时代赋予的责任和使命。1938 年 6 月 26 日，竺可桢校长在学校第十一届学生毕业典礼上，作《大学毕业生应有的认识与努力》的演讲，谆谆教诲毕业生们：“诸位就事，不求地位之高，不谋报酬之厚，不惮地方的辽远和困苦，凡是吾人分内所应该做的事就得去做。”

（一）传播知识，启发民智

浙江大学师生留驻泰和期间为当地人民做了三件好事，其中之一就是创设澄江学校。

为使当地农村儿童和搬迁中的浙大教职工子弟得到比较良好的教育，浙江大学特创设澄江学校。学校与地方联合，组成校董会，郑晓沧、庄泽宣、张其昀、张绍忠四位老师参加，郑晓沧被推举为主席，庄泽宣担任校长。1938 年 3 月 24 日开学上课。教师除聘请专职两名以外，其余均由浙大各系高年级同学担任，仪器图书均由学校借用。后来这所学校改称县立上田村小学，以后又为省立实验小学接办，对当地教育事业的发展起到了推动作用。

浙江大学师生在泰和县上田村举行儿童健康教育比赛

浙江大学在龙泉设立分校时，在坊下村设立芳野小学，方便教职工子女及当地农民子弟就近入学。

龙泉地处浙闽边陲，山高溪窄，交通阻塞，土地贫瘠，当地人民生活十分贫苦，学校稀少。龙泉分校增设后，不久在坊下村设立附属小学一所，定名芳野小学（坊下的谐音）。小学除分校教职工子弟外，附近农民子弟入学读书的也很多。有的农民离坊下虽较远，也送子女入学。

1944 年 2 月 4 日，经县政府与浙大商量，芳野小学办成中心学校。高级部经费由浙大补助。校长由浙大推荐，县政府委用。校舍扩充由浙大代为设计、筹款、建造，学生人数不少于三个学级（每班 25 人），设备达省最低标准，基金相当 300 石租标准。

曾氏宗祠（原芳野小学旧址）

浙江大学西迁宜山时期，曾为当地的胡文虎小学培训师资。

宜山“胡文虎小学”是福建籍华侨胡文虎先生捐资筹建。地址在宜山县城原永庆镇东门四牌楼西侧药王庙前。坐北向南，西临文昌街，砖瓦结构。浙江大学迁宜时曾借用过一段时间，并于1938年对“胡文虎小学”的师资力量做过帮助和培训。

宜山胡文虎小学

另外，浙江大学迁到贵州湄潭后将浙大附中与湄潭县立中学合并，使当地许多青少年学生获得了良好的教育。浙大师生的诚朴、求是、严谨的作风，对当地的学风产生深刻的影响。许多学生的家长都十分钦佩浙大学生刻苦学习的精神，鼓励子女求学上进。当地的青年往常以经商、做小职员作为前途，自此也发生重大变化。读书的风气渐浓。

湄潭浙大附中全景

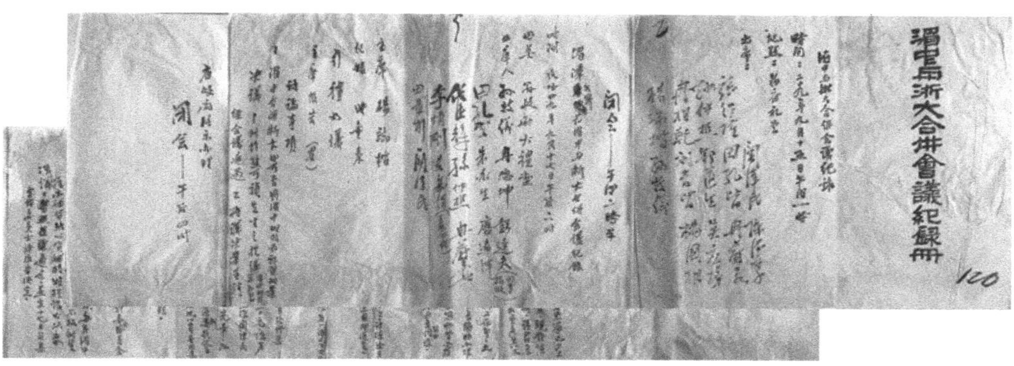

湄中与浙大合并會議紀錄冊

湄潭中学与浙大附中合并会议记录

除了通过支援当地教育的形式，以启发民智，浙江大学在西迁过程中，还广泛进行科普宣传，推广农业技术。浙大迁到湄潭后，还与中央实验茶场联合创办贵州省立实用职业学校。

浙江大学农学院师生在湄潭（前排坐着左二为蔡邦华、左三蔡小丽、左四陈绵祥、左五陈鸿逵，前为陈健宽）

中央实验茶场在湄潭县城南门外。浙大与中央实验茶场合作，开展现代茶叶科研和试验示范种植，对中国的茶经济、茶文化产生了重要的影响。

贵州省立实用职业学校，由贵州省教育厅出资，中央实验茶场与浙大农学院联合创办，是黔北第一所实用职业技术学校。该校的师资均由浙大各院系教师担任。在湄潭办学六年，浙大为湄潭及周边各县培养了一大批较高素质的实用人才。

中央实验茶场全体职工及眷属合影

浙大农学院园艺系讲师章恢志先生一入广西就率同系学生赴容县一带调查柑橘生长情况，为当地的柑橘品种改良起到了促进作用

浙大西迁时，沿途进行科普宣传，传播养蚕知识是山乡农民最能听得懂、看得明白的知识

浙大为宜山、遵义湄潭的茶树培养做出了贡献，按照龙井茶制作的工艺研制出别有风格的“湄江龙井”等品种

【参考阅读】

从泰和乡村小学调查所见吾国乡村教育问题

■ 梁庆椿

抗战以来，吾国学府，为谋研究之安全与自由，多迁徙于内地，而校舍又多改设于乡村，此实为有志研究乡村问题者最良之机会。乡村教育在乡村问题中占重要之地位，亦为最难解决之问题。大学或其他教育机关正应注意此一问题，调查而提供材料于专门学者与政府，以为改进之根据。而今次之大学迁移，实与此种工作以一极大之便利。

江西省之小学教育，年来颇有突飞猛进之势。在最近过去六年中（民国二十年至二十五年），全省小学校由五千所增至一万七千余所，小学生由二十万增至八十余万人，小学经费由一百六十万增至五百余万元。据二十五年度之统计，全国已有调查统计之十六省之县教育文化经费，平均每省为二百五十余万元；占地方总岁出百分之二十八；而江西同年县教育费为二百余万元，占岁出百分之二十六，与平均数相近，在此十六省中，居第八位。故江西在全国地方教育中，实为有代表性之一省，而堪为研究之一重要对象。

浙江大学自二十七年二月迁校于江西泰和以后，农业经济系尝从事于调查与推广工作。本年暑假，农经系在泰和县举行乡村小学调查。填报调查表者，有小学教师一百四十六人。所调查学校以保学（按即保甲制中一保所立之小学）为主，并附带包括中心小学及联保小学。兹先将调查所得结果，摘录要点于后，而后进而讨论吾国乡村教育之优点与缺点焉。

（一）学区范围，平均包括八村，面积约四十方里，住户一百八十七家，人口六百八十二人。所在地交通尚属便利，学校百分之七十三邻近公路。物产尚属丰富。除主要农产品，多有特产一二种，而以纸竹木等为多。每校平均有教师二人，课堂间数为一·七，平均全年经费二百六十三元，各校平均图书七十一册。

（二）教师年龄，平均为二十九岁，属本县籍者占百分之九十八。其学历之分配，小学毕业者占百分之三十五，中学肄业者占百分之五十，中学及专门学校毕业者占百分之十一，小学未毕业者占百分之三。除少数原为书记及公务员外，多数均曾有教学经验。在现任小学充当教员平均已历一年半。月薪平均为七元六角一分，每周授课平均一千一百分钟，即约十八小时以上。

（三）每校平均有学生共四十一人，其中男生三十四人，女生七人。入学儿童占全区学龄儿童百分之六十七。学生缺席时间平均为百分之十五，缺席原因多由于家务及农务之关系。

（四）教学方面，多只墨守课本，而于本地乡土之自然及社会补充物材，甚少注意。惟学校对于学童，家长，及社会，彼此感情尚属融洽。惟以绌于经费，似未能对于学校之各方面加以充实云。

泰和与江西其他各县之小学比较，以二十五年度而论，江西各县平均有小学二百零四所，每校平均有学生五十一人，经费二百五十元。同年泰和有小学二百六十六所，每校平均有学生四十二人，经费二百六十八元。平均学生数虽稍低，而平均校数与经费皆过之。可见泰和与江西其他各县平均之小学教育情形相比较，实无逊色。

兹以泰和小学调查所得结果加以分析，并与外国乡村小学比较，以见吾国乡村教育状况优劣之一班焉。吾国乡村小学状况，据著者意见，可以称为优点者有以下数端：

（一）小学教员多属土著，吾国人民安土重迁，少流动性，故乡村师资多属本籍。所调查泰和一百四十六小学教员中，只有三人非泰和籍。因桑梓情殷之结果，以本地人担任本乡教育，则责任心较重，而易见忠于所务。

（二）教员任期比较固定，外国小学教师多属女子，尤以年轻待字者为多，往往视任教为毕业后与结婚前之一种过渡时代。故一有配偶即脱离教书生活。男性之教员中，又往往以任教育为筹款升学之工具。有此种种原因，故少有长在一校任职之教员。就美国之统计，教育中在一校任教连续至一年以上者只有三分之一。此次泰和调查所得结果，一百四十六教员中，有七十九人（百分之五十五）已任现职一年以上，故比较美国教员之任期，远为固定也。

（三）教员年事较高，孔子云："乡党莫如齿"，故乡村工作以年事高者为宜。选任教员尤重年龄，盖年轻人往往不易为乡里所重视也。泰和小学教员中年龄在十七至廿六之间者，只占百分之四十三，而美国教员之在此年龄组内者占百分之五十。且该县教员，多有任事经验，任事在十年以上者占百分之五，五年以上者占百分之二十五。由此以推见吾国他省之乡村小学教员，殆亦多如此。故吾国小学教员，一般或可免"少不更事"之饥也。

（四）每校学生数较多，乡村人口较稀少而因变通之关系，学区范围又不能过界，故每校学生太少，为各国乡村小学之通病，只有生徒五六人之乡村小学，在外国亦所常有。学校学生太少，不但太不经济，且亦可发生种种不良之结果：学生所接触之同学少，则无刺激情绪及启发思想之效，一也。不易设立各种学生组织，故无从养成团体之精神，二也。无团体活动则不易训练领袖人才，三也。学校无论学生多少，均有固定之支出，故学生愈少，则每学生之教育费愈增，四也。吾国乡村人口远比他国为密，故虽在相当小之学区内，学生数目仍多。例如泰和小学平均有学生四十一人，江西全省平均有五十一人，以上所述学生太少之恶果，自可避免。

（五）学生缺席不多，乡村小学生之缺席平均数，泰和为百分之十五，而美国则常在百分之五十以上。此由于吾国家庭劳动力并不如外国之缺乏，故需儿童助理家务者不多。且吾国农家最忙之时为夏季之车水及秋初之收获（案赣中赣南以气候关系，收获较江浙中季稻为早，多在七月间），而此时适值假期，儿童助理农务，不致影响于学业。且吾国向以勤学为美德，以"逃学"为可耻，孟母断机之训，家喻户晓，此亦缺席所以不多原因之一欤。

吾国乡村小学，当然亦有其缺点所在。就此次调查所得之材料以推，证以他方之见闻，即可发现较为显著之缺点数端：

（一）教员报酬低而工作忙

乡校教员待遇不良，本亦为各国之通病，惟吾国似为更甚。泰和小学教员一百四十六人中，月薪不及五元者十三人，五元者十六人，六元者二十人，七元者六人，八元者十八人，九元者五人，十元者十一人，十元以上者不过二十一人。其总平均数为七元六角一分，即相当于每日二角五分。同时每人每日平均授课合计则有三小时之多。以每日三小时之工作，得二角五分之报酬，是直苦力劳工之不如矣！且外国教育往往有按级加薪之规定，及养老年金之设立；吾国则极少此种规定，而于基本之小学教育尤所忽视。吾国乡校不易引有志而富有能力之青年参与工作，即此一端观之，似无足怪矣。

（二）师资程度低下

吾国兴学以来，历史犹不及四十年，故小教师资之供给，较之外国相差甚远。兹将泰和小学教师学历分配之百分比，与美国之统计并列于后，以资比较：

	小学毕业	中学肄业	中学师范或专门学校毕业	其他	合计
泰和	35%	51%	11%	3%	100
美国	5%	33%	50%	12%	100

美国小学教师之学历，与其他各国比较初非甚高，然亦有半数为中学以上毕业，而泰和则只有十分之一为中学毕业。沿海各省情形或稍优，然亦少严格之甄别。以训练国民之重责，委诸大部分未受过中等教育之教员，殊可为吾国教育前途忧。师资程度低下，实与上文所述报酬低而工作忙，互为因果。待遇不良，则不能吸引有学力之教员；而教员程度低，又转不易引起社会重视而提高其待遇。故解决之道，端在充实小学教育之经费，普遍造就师范人才，且逐步予以严密之甄别与统制焉。

（三）设备简陋

吾国普通乡村小学除课堂一至二间，及桌椅黑板而外，殆空无所有。书籍之购置，就泰和小学而论，十分之三并无任何藏书，平均计算每校亦不过书籍七十一册。外国乡村小学，于校舍方面多有游戏场，礼堂，及校园等之设备，以为乡村娱乐社交之中心及农艺之表证於。设备方面，则运动器具，风琴，留声机之属，甚为普遍。以言图书，就美国而论，每村小学皆有千册以上之图书馆，乡村人口百分之十七，有利用图书馆之机会，此真吾国乡校所望尘莫及者。近来小学教育语体文已普及应用，儿童阅读之能力进步甚速，且新式教法之推行，一般儿童对儿童读物有甚深之嗜好。儿童书内容质性之改进，为另一问题，而每个小学至少应备儿童读物二百册以上，教师参考书约一百册左右，则为绝对之必要。近年小学教育较进步之各省，小学之购备读物日见发达。此层甚望泰和与赣省教育行政当局注意之也。

（四）缺少课外活动

乡村小学不但为乡区教育之中心，且须兼有社会中心之使命。乡村生活单调，组织缺乏，乡校应负提倡指导之责。外国乡村多有教师家长协会之组织，为乡村福利事业之原动力。文社，戏团，歌唱队，时事讨论会等，所在多有。此外如农业推广工作之协助，家事改进及社会卫生之推动，任在均有乡村小学参加。吾乡村旧式宗法组织，渐见推翻，而新的组织急待树立，土豪劣绅既被打倒，而新的乡村领袖多未见产生。故吾国乡校教师，正不能妄自菲薄，而应俨然以领袖群伦为职志，以创造吾国新的农村。今观吾国多数乡校教师，学历既低，而工作又忙，故除应付功课而外，实无余力从事若何课外活动，不仅未尽乡教之使命，且亦社会进步迟滞之一因也。

（五）教材缺乏农村与本地之适应性

小学教材多不免带都市背景，而未能适应农村之生活。吾国近年最大之问题为农村人口衰落，青年子弟尤不断流向于都市。其原因虽不只一端，而教材方面实亦有相当之关系。乡村教材应注意培养儿童农业之兴趣，及多从事于乡土之观察。自然课程，教师应分别增加本地山川气象及动植物之材料以为补充；社会方面，并宜多注意本省本邑或乡镇之人文，表扬先民之高风亮节，阐述本地之往史与地理，讨论本地风俗之改良与其他社会问题。今泰邑乡校教师，多仅守默念课本，而稀有注意农村与地方性教材之补充。此在各省之乡村小学，殆亦多有此弊。其结果所至，学生于本地乡村事物，不能得应有之认识；青年乡土观念日益薄弱，即服务社会之能力与精神，亦不易发挥也。

（六）忽略精神训练

小学为一国国民性之制造厂，故精神训练之重要，超乎一切。且吾国平民缺乏民族意识，而最近又正在深受外侮之中，故如何对儿童培养深厚之民族意识与爱国精神，尤为吾国当前教育最重要之一问题。丹麦之北斯勒斯威州，于一八六四年亡于德国；及欧战后乃有公民投票之规定；一九二〇 年投票结果，竟有居民四分之三造成赞成仍归属丹麦，事距该州之亡已五十余年。论者谓此领土之恢复，多出丹麦民众学校精神训练之功。吾国乡村小学，过去几无精神训练之可言；近年教育家始加以提倡，而渐见推行。然就泰和乡村小学调查之所得，于此似少注意，以致乡村抗敌精神之淡薄，对于外侮感觉之模糊，初不易藉小学师生之推广宣传，而予以促进。臆测全国许多乡区之小学，于此恐亦多未尽其应有之使命。此不仅当前全民抗敌中之一严重缺憾，亦足以影响中国民族复兴之前途。甚望主其事者，急起直追，不仅乡村小学之精神与效能赖以提高，即民族国家亦蒙休不浅矣。

——摘自《国命旬刊》第 13 期（1938 年 8 月 20 日）

（二）保护《四库全书》

文化遗产是一个国家、一个民族长期积累形成的物质文明和精神文明，是民族智慧的结晶，民族文化的根基，属于整个国家乃至整个世界的共同财富，具有时代性，不可再生性和不可替代性。保护历史文化遗产，守护精神家园，是全人类的神圣使命。

浙大西迁途中，临危受命协同转移文澜阁《四库全书》，在社会上产生过巨大反响，在百姓中留下了深刻的印象，彰显了浙江大学自觉担当社会责任的勇气和魄力。

杭州文澜阁

四库全书（文澜阁本）

《四库全书》编纂于清乾隆年间，共抄七部，分藏在七处藏书阁。这是中华传统文化最丰富、最完备的集成之作。共收书3500多种、79000多卷，36000多册，内容涉及文、史、哲、理、工、医学等学科，堪称“传国之宝”。可惜，其中三部——圆明园文源阁、镇江文宗阁、扬州文汇阁，早在19世纪中期，就毁于战火。

1937年8月13日，淞沪会战打响，日机时常袭击杭城。浙江图书馆馆长陈训慈多次向省教育厅厅长许绍棣请示，要求搬运文澜阁《四库全书》至安全地点，但一直没有得到妥善解决。

陈训慈原是浙大史地系教授，与竺校长在东南大学时有师生之谊，万不得已便向竺校长求援。12月3日，《四库全书》在浙大的帮助下，用卡车分运三天，终于从富阳、桐庐运抵建德。

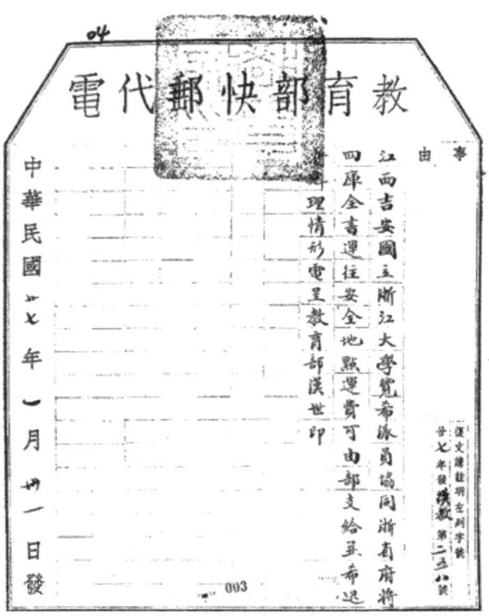

教育部快郵代電

事由

江西吉安國立浙江大學[illegible]員協同浙省府將
四庫全書運往安全地點運費可由部支給並希迅
[illegible]理情形電呈教育部漢世印

中華民國廿七年一月卅一日發

教育部同意浙大的建议，并请浙大协同将《四库全书》迁运到贵阳的回电

1938年1月11日，浙大迁到吉安。竺校长安顿好学校的复课和学期考试后，便于1月22日致电教育部，除了汇报浙大的仪器搬运情况，又谈到《四库全书》。他认为文澜阁《四库全书》硕果仅存，虽然在浙大的帮助下运到了建德，但依旧危险，建议运往内地更为安全。

1月31日，教育部回电同意竺校长的建议，要求浙大协同浙江省政府将《四库全书》迁运到贵阳。其实，此时浙江图书馆已按照省政府决定将书转移到处州（丽水）龙泉。陈训慈馆长同意竺可桢的建议，便按照教育部意见，决定再将书由龙泉运往贵州。竺校长派浙大教师李絜非负责协助。

3 月 25 日，陈训慈到泰和，告诉竺校长：“文澜阁《四库全书》于日内可由龙泉起运赴湘。”3 月 27 日，文澜阁《四库全书》从浙江龙泉出发，途经福建浦城，又折回浙江江山，再上浙赣铁路，过江西，到湖南长沙，从湘北到湘西，直奔贵阳。全程约 1600 多公里，横跨江南五省的山山水水，真是一次名副其实的“文化苦旅”。当时交通十分困难，除了借助浙赣线，大多时间仅凭肩挑、人拉和船运。何况天寒地冻、敌机骚扰，一路险象环生。在峡口过江山溪时，由于路况差，人疲惫，天气恶劣，有一车书（约 3000 册书）倒翻在溪水之中。幸抢救及时，没有造成损失。

4 月底运抵贵阳，先存西郊张家祠堂，后藏贵阳北郊地母洞。

浙江图书馆龙泉馆址

贵阳地母洞藏库

浙大李絜非与浙图几位职员，自始至终参加了《四库全书》的这次西迁的全过程。竺校长也一直关心并过问此事。他不但多次到存书现场察看，安排浙大教师参与晾晒《四库全书》，还不断向政府反映此事，可谓是尽心尽力。

1939 年 2 月，竺校长赴重庆参加第三届全国教育会议，26 日途经贵阳时曾专门抽出时间到张家祠堂去察看《四库全书》。

同年 6 月，竺校长偕贵州省教育厅三科科长杨克天等人到地母洞察看存放情况。看到只有两名工人看守，打开一箱验视，发现其中书已略有潮湿，便当即商定：屋顶须以瓦代木，箱中书籍须定期晾晒，看护工作必须有人主持等，并向有关部门申请经费。

1940 年 2 月，浙大从广西宜山再迁贵州遵义。12 月 19 日，竺校长在遵义参加警备司令就职典礼，见到了贵州省政府主席吴鼎昌，便反映“文澜阁《四库全书》

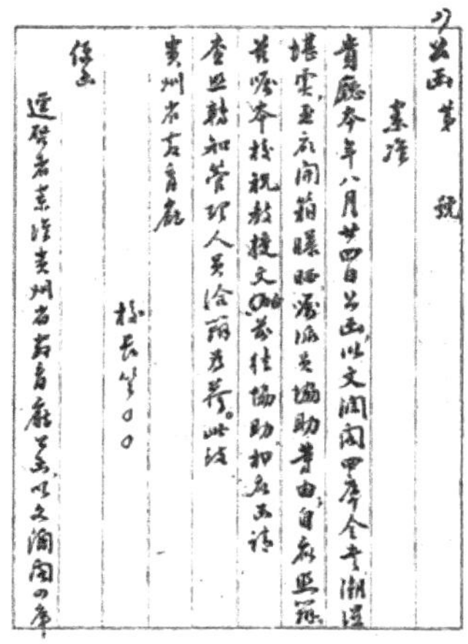

1940 年 8 月 30 日，浙大派本校祝文白教授前往协助曝晒四库全书的函

放地母洞不妥”。

1943 年 11 月 24 日，竺校长与贵州省教育厅欧厅长谈文澜阁《四库全书》之事，认为“地母洞潮湿，于库不相宜”，“有移置必要”，并派浙大戴明杨负责本年晒库书。

经过多方反映，文澜阁《四库全书》终于 1944 年 12 月 8 日迁出地母洞，运到重庆青木关。

抗战胜利后，文澜阁《四库全书》于 1946 年 5 月 15 日由六辆汽车载运离开青木关，费时近两个月，于 7 月 5 日抵杭州。

至此，这部国宝自 1937 年 8 月离开杭州，至 1946 年 7 月回到杭州，历经了 8 年又 11 个月的风雨历程和磨难，终于得到了保全。

后记

西迁办学时期是浙江大学经历抗日战争，在烽火硝烟中崛起为“东方剑桥”的重要时期。全校师生力行求是，不畏艰险，坚持教学科研，创造了中国近代高等教育史上的奇迹。这一时期形成的“西迁文化”是学校极其宝贵的精神财富。我们组织编写出版《抗战文军》一书，正是为了宣传浙大西迁办学历史，传承求是创新精神，为浙江大学创建具有中国特色的世界一流大学，提供精神动力和文化支撑。

本书编写工作启动于2015年初。为丰富浙大西迁办学史料，我们先后组织人员前往浙江建德，江西吉安、泰和，广西宜山以及贵州遵义、湄潭等西迁办学地的档案馆查找浙大西迁办学史料，并寻访西迁办学旧址。2015年5月28日，为纪念中国人民抗日战争暨世界反法西斯战争胜利70周年，我们举办了“抗日战争时期的国立浙江大学”展览。在此基础上，我们又搜集整理了大量图片史料，经过长达两年的艰辛写作和反复修改，完成了书稿。浙大校史老专家冯骏，对本书的编纂倾注了大量心血。

本书分为“文军西征”“弦歌不辍”两部分，通过大量稀见史料和珍贵照片，生动再现抗战时期的国立浙江大学在竺可桢校长的带领下，辗转办学，弦歌不辍，崛起为著名高等学府的办学历程。本书表现了西迁浙大人传承“求是”校训的精神品格，表现了抗战时期知识分子坚持“教育救国，科学兴邦”的爱国主义情怀，是近代高等教育史的一个缩影，更是中华民族民族精神的一个缩影。

本书采用的档案文献和历史图片主要来自浙江大学档案馆馆藏，少数图片来自个人分享和网络截图。因图片数量较大，有的图片作者无从得知，未能一一注明作者姓名，敬请谅解。如涉及版权问题，欢迎与浙江大学出版社联系处理。

本书参考了《浙江大学简史（第一、二卷）》《浙江大学图史》《图说浙大》等校史资料。由于篇幅、编辑水平以及时间所限，本书难免有疏忽或遗漏之处，敬请读者不吝指正。

本书的编纂出版，得到了浙江建德、龙泉，江西吉安、泰和，广西宜山，贵州青岩、遵义、湄潭、永兴等地档案馆和政府机关的大力支持和帮助，在此一并感谢。

值此浙江大学120周年校庆之际，谨以此书志贺！

《抗战文军》编委会

2017年5月

图书在版编目（CIP）数据

抗战文军：抗日战争时期的国立浙江大学/任少波，罗卫东主编. —杭州：浙江大学出版社，2017.5（2026.3重印）

ISBN 978-7-308-16890-8

Ⅰ.①抗… Ⅱ.①任… Ⅲ.①浙江大学—史料—民国 Ⅳ.①G649.285.51

中国版本图书馆CIP数据核字(2017)第087676号

抗战文军

——抗日战争时期的国立浙江大学

任少波　罗卫东　主编

责任编辑　罗人智
责任校对　姜井勇
封面设计　卿　松
出版发行　浙江大学出版社
（杭州市天目山路148号　邮政编码 310007）
（网址：http://www.zjupress.com）
排　　版　杭州智旅文化创意有限公司
印　　刷　浙江新华数码印务有限公司
开　　本　787mm×1092mm　1/16
印　　张　24.25
字　　数　200千
版 印 次　2017年5月第1版　2026年3月第6次印刷
书　　号　ISBN 978-7-308-16890-8
定　　价　88.00元
